ドラゴン桜2×朝日小学生新聞×朝日中高生新聞

親が知っておきたい 学びの本質の 教科書

教育と子育て編

柳沢幸雄
日野田直彦
前田康裕
井本陽久
千葉雅也
日原 翔
山極壽一
山崎直子
清水章弘
葉一

朝日新聞出版

親が知っておきたい学びの本質の教科書

教育と子育て編

はじめに

教育改革の主旨は「基本に立ち返れ」だ！

よお！『ドラゴン桜2』の、桜木建二だ。

本業は弁護士なのだが、龍山高校の理事として、学校経営にも取り組んでいるところだ。

わが龍山高校の方針は、俺が着任してから一貫している。それは単純明快。

「東大へ行け！」

という、ひとことである。

もはや学歴偏重の時代じゃないのでは……。

などと疑問を持つ向きもあるだろうな。それも一面の事実だろう。

しかし、だ。大学受験を考えているのであれば、東大はやはり昔もいまも、そこへ向かうに足る目標と言い切れるぞ。


承知の通り、昨今の日本では、大規模な教育改革が進行中だ。大学受験の制度・内容にメスが入り、カリキュラムや授業のあり方など、教育現場にもこれから変化が及ぶこととなる。

これほど世の中が大きく変わろうとしている時代。教育の世界にもその波が達するのは当然だな。

それでも、慌てることなんて何もない。いま教育分野で唱えられている改革とは、

「基本に立ち返れ」

というのが趣旨だからだ。

試験で点数を取るためだけの、小手先の勉強はもうやめにしよう。学習を通してみずからよく考え、ものごとを見極める力をきちんと養えるようにしていこう。そんな「学びの本質」を伝え広めることこそ教育の目的で

あると、改めて捉え直さんとするのが教育改革の正体なのだ。

これから求められるのは本当の知性であり、学ぶ姿勢であり、学びを促進する協働の精神ということになる。

これからの時代は、「学び方を学べ」!

つまり今後は、より本質を突く勉強が必要になってくるということ。俺が相も変わらず「東大へ行け!」と強調するのは、そうした見通しあってのことだ。

というのも、東大の入試問題はいつの時代も、些末な知識を問うようなことはしていないんだ。どの教科の出題でも、詰め込みで勉強した表面的な理解など役に立たない。それよりも論理的な思考力や、それを解答に落とし込む表現力が、きっちり問われる。

入学後のことを考えても同様だぞ。東大は「学びの場」として、どの分野でも日本の最高峰を維持し続けている。東大は今般の教育改革の中身を、とっくの昔から先取りしている。または、いまの教育改革とは、入試や学びの内容を「東大仕様」にそろえんとする流れであると言ってしまってもいいいな。

このあたりのことを鑑み、俺は「東大へ行け!」を、わかりやすいキャッチフレーズとして用いてきたんだ。

だから、東大を礼賛するのが俺の言いたいことの「核」ではない。これからの変化の時代、頼りになるのは「知の力」であるということ、それを改めて強調しておきたい。

では、これからの時代を生きる子どもたちに、どうしたら「知の力」をつけてやることができるのか? 個別の知識を授けること以上に、「知」を得るための技法や態度を身につけさせるのがポイントだ。「知」とうまく付き合う術は、子どもたちがこの先どこへ行っても、何をしていても使える、頼りがいたっぷりの武器になってくれるだろう。つまり、

「学び方を学べ!」

これが俺の提言だ。

子を持つ親ならここで、もうひとつ疑問を挟みたくなるだろう。どうしたら子どもに学び方を学ばせることができるか、と。

これはまず大人の側が、知性や学びについてよく理解すること。そして、その考えをだれかが正しく子どもに伝えなくてはならない。そうしてこそ子は育ち、伸びていくのだからな。

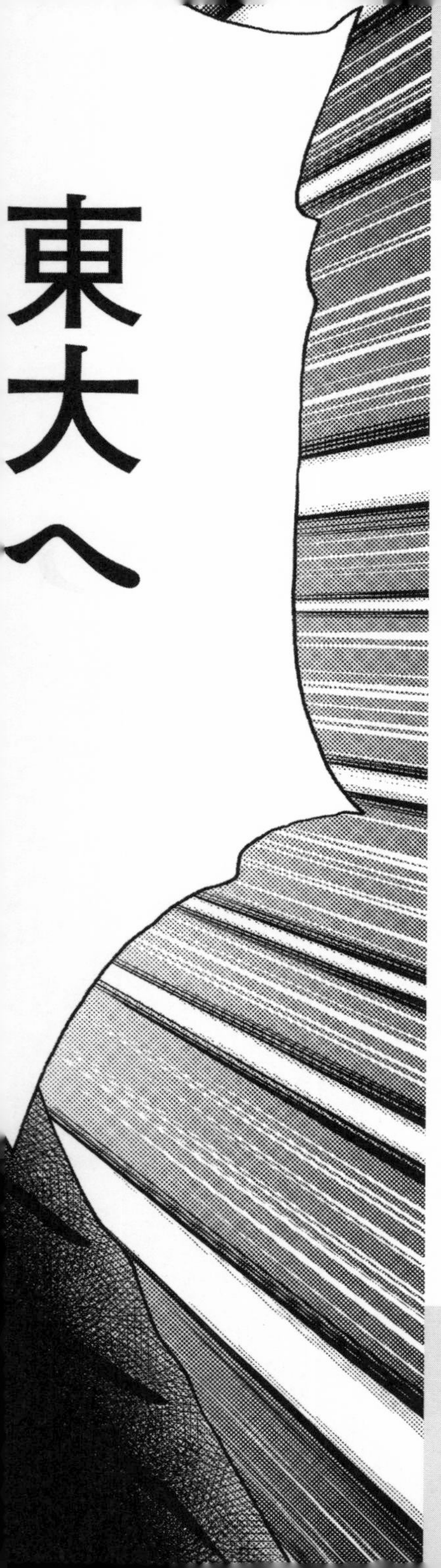

「ドラゴン桜2」から

周りにいる大人の、学びに対する姿勢こそが問われているのだ。自分を変える覚悟と勇気、大人のあなたにはちゃんとあるだろうか？

本書では「どのように学び方を学ぶか」「どう子どもを伸ばしていくべきか」を、各分野のプロフェッショナルに聞いているぞ。彼らの声に耳を傾けることが、学びの第一歩だ。心して、また楽しんで読み進めてくれることをねがっている。

龍山高等学校理事　桜木建二

行けっ！

目次

5時間目
塾選びの秘訣を伝授！

1時間目

校長先生から保護者へ！

元開成中学校・高等学校校長
柳沢幸雄

武蔵野大学中学校・高等学校校長
日野田直彦

子どもの力を引き出し、「ちゃんと食える大人」に育てる開成流教育法！

元開成中学校・高等学校校長

柳沢幸雄

柳沢幸雄
1947年生まれ。元開成中学校・高等学校校長（2011年〜20年3月）。東京大学名誉教授。工学博士。シックハウス症候群、化学物質過敏症研究の第一人者。開成中高卒業後、東京大学（工学部）、同大学院で学ぶ。民間企業で働いたあと、東京大学やハーバード大学などで環境分野の研究職に就く。20年4月から北鎌倉女子学園学園長。

※このインタビューは2019年10月に実施した取材をもとに編集しました。

源流をたどれば明治時代にまで行き着く歴史と伝統を誇るのが開成中学校・高等学校だ。歴史だけでなく、学力レベルもずっと高みを維持しているな。いつの時代も東大合格者数上位の常連で、2020年も全国トップの合格者を輩出した。

同校の元校長・柳沢幸雄さんにお会いして、話を聞いたぞ。開成にはどんな子どもたちが集い、どのような教育を受けているのか。実態を探ってきたから、心して柳沢さんの声を聞いてほしい。

東大生によく見られる3つのタイプとは？

龍山高校理事をしている俺、桜木建二としてはこれまでずっと、

「理由はいらない。東大へ行け！」

そうブレずに主張してきたのだが、柳沢さんからはのっけから、

「それはどうでしょうか」


との言葉をいただいた。

大学は人生の途中経過に過ぎないのだし、東大をはじめ意中の大学に入ることだけが目的になってしまうと、ろくなことにならないと柳沢さんは言うのだ。


「私も以前は東大で学生を教えていたのでよくわかるのですが、全体を眺めると東大生は、大きく3つのグループに分かれます。
・燃え尽きたグループ
・醒めているグループ
・燃えているグループ

です。

合格を勝ち取るためのノウハウを必死に摂取して、なんとか受験勉強を乗り切ったタイプの生徒たちは、大学に入ったとたん燃え尽きてしまうことが多いですね。さらなる学びを求めて研鑽を積む気力が湧いてこず、そうなると大学4年間での伸びがあまり見込めない。もったいないことです。

醒めている学生も多くて、これは首都圏の進学校で自由に育てられた人たちによく見られます。自宅から大学に通い、中高時代から知っている友だちも周りにいて、勉強のしかたは身についているので要領よく大学の勉強もこなせるので、まあこんなものかなと淡々としている。開成の卒業生もこのグループになることは多いですね。

燃えているグループは、地方の進学校から来る学生が多めです。周りに知っている顔が少ないから最初は孤独だったりもしますが、志を持って大学で学ぼうとするので、入学後によく伸びます。

いずれのタイプになるにしても、大学に入れたことだけに満足して、歩みを止めてしまうようでは困ります。人生は続くのですし、その後の生を豊かにするために勉強は積み重ねていくものです」

受験は大切だが、
あくまでも通過点。
その先にある人生も見ておけ！

親の共通目標は「ちゃんと食える大人」に育てること

「子育てをしている親にとっては、何が大事であり目標なのか。改めて問うてみれば、『自分が死んだあとにも子どもが自分でちゃんと食べていけるようにすること』ではないでしょうか。

人間に限らずあらゆる生きものが子育てによって追い求めているのはそれです。要は自分たちのＤＮＡをしっかり受け継ぎ残していきましょうということになっています。

人間も生命である以上、そこを外さず子育てをすることが肝要です。となると、とにかく東大に入れればいい、そこから先は知らないというのでは、まだ道半ばという感じがしてしまうのです。多くの生徒を預かる身としての私には、そのセリフを言うことはできないのです」

「好き」を深掘りすると様々な仕事がみえてくる

大学は人生の途中経過に過ぎないから、東大といえどもそこに入ることを目的に据えてはいけないと、柳沢さんは言う。

意を汲めば、自分の人生の見取り図をちゃんと持て！という教えに聞こえるが、開成の生徒たちには、そのあたりをどのように伝えていたのだろうか。

「自分の足で立つことが何より大事だよということは、よく話しました。自律するには早いうちから具体的に自分の職業について考えてみるのがいい、とも促しましたね」

そうか、しかし彼らにとって働くというのは遠い将来の話。具体的に考えさせるのはなかなか難しいのでは？

「そうですね、ですからまずは、自分の好きなことを見つけなさいと話します。次に、それに関連する職業をしっかりイメージしてみようと働きかけます。

たとえば、サッカーが大好きな子であれば、どんどん練習や試合に励めばいい。その先に、Ｊリーグやヨーロッパで活躍する選手になって、ワールドカップに出る道までひらけたら言うことなし。

ただ、トップ選手になるのはなかなか狭き門なのも事実。じゃあそこでサッカーで生きる道はあきらめるしかないのか？

そんなことはありません。選手がダメでも、サッカーに関連する職業はいろいろあるので、その道を模索します。

Jリーグのクラブに入社して広報に携わったり、総務として選手に帯同したりするのもいいでしょう。毎日サッカーの現場にいられますよ。

スポーツドクターになって、三浦知良選手のように50歳を過ぎてもボールを蹴っていられるような身体のケアをするのはどうか。

または国際弁護士になって、世界のチームを渡り歩く選手の契約アドバイザーになるのもあり。

サッカーシューズの開発、スタジアムの設計、芝の管理、マスコミに進んで報道をする、指導者になって次世代を育てる、ユニホームをデザインする……。

どんな仕事だって、ほかのいろいろな仕事と密接にかかわっているものです。好きなことを続けていける職業は、探せばいくらでもあるのです」

大学は「好き」を究める道の入り口

「働く自分の姿がイメージできれば、そのために必要なことがおのずと見えてきます。

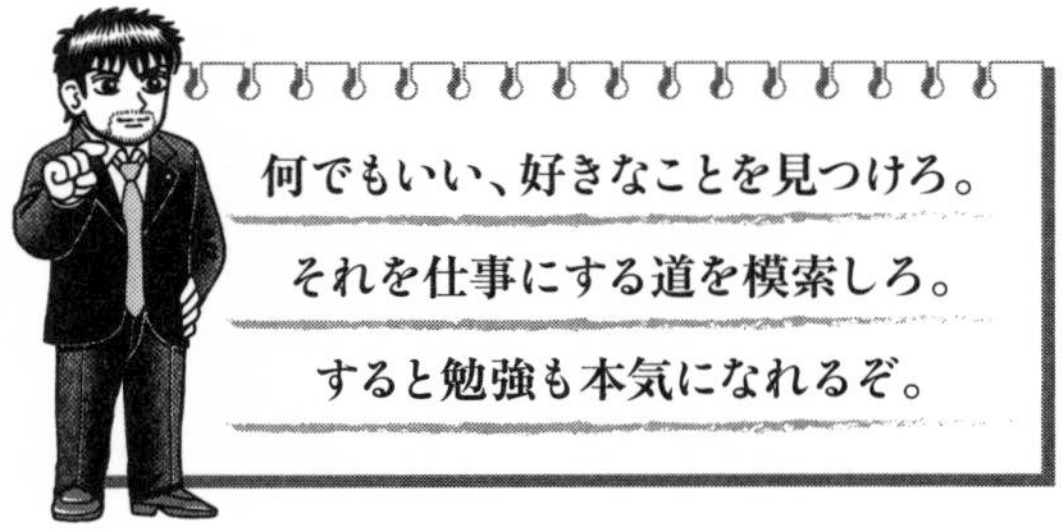
何でもいい、好きなことを見つけろ。
それを仕事にする道を模索しろ。
すると勉強も本気になれるぞ。

いまのうちに何を勉強すればいいのか、大学ではどんな学部に進んでどのような勉強をするべきか。目標とするのはどんなジャンルのものでもいいでしょう。

とにかく自分が好きで関心を持ち続けられる何かであれば。

好きなことを究める道への第一歩として、大学があるのだと捉えると、受験勉強も大学に入ってからの学びも、ずんずん前へ進むはずですよ」

教育は子どもの中にあるものを「引き出す」もの

なるほど、自分の好きなことを膨らませて将来の志望につなげる手法はわかった。ただし、ひとつ疑問がある。そうしたストーリーに生徒たちがちゃんと乗ってくれるのは、開成という名門校で、生徒がいい子ばかりだからなのでは？

「どうでしょう、特別な子ばかり集めた学校とは、認識していなかったのですが……。

ただ、生徒がみずから自由に考え、実行することを推奨しているのは確かですし、教育に関する基本的な考えが教員・生徒・保護者のあいだで共有できているのはいいことだと思います。

開成では教育を、なんらかの型にはめることだとは考えていません。そうじゃなくて、引き出すものだと考えます。ちょうど繭玉から絹糸を引っぱり出すようなイメージです。

あまり早く引き出すと切れてしまうし、あまりゆっくりだと終わらない。繭玉から絹糸を引くにはちょうどいい速度というものがあります。

同じように教育は、子どもに内在しているものを、一人ひとりにとってほどよいスピードで引っぱり出すのが基本となります」

教育とは、教える側が一方的に与え、導くものではないのだ。

「子どもの個性に基づいていなければ、教育というのは成り立ちません。能力を引っぱり出すべき速度にしても皆違うわけですし、平均値を取っても何の役にも立ちませんね。

ではやはり本来なら、きめ細かく少人数教育をするのが必須だということになる。

ただ、じゃあ1クラス20人ほどにすればいいかといえば、それでも教える立場の人間がまったく少な過ぎます。子どもの個性をちゃんと引っぱり出すには、ほぼマンツーマンによる教育が必要です」

先輩の存在が成長を促してくれる

そうはいっても、学校教育の現場で、それほど徹底した少人数教育をするというのは、ほとんど不可能ではないか。

「そこをなんとか補うために、開成では部活動を重視しています。

部活動というのは、一人ひとりの生徒の個性や能力の『取り出し授業』のようなものです。開成には約70の部活がありますから、それぞれが好きなところに入ればいい。

個性に合わせて好きなことを究めてもらうわけですが、そのときには教え手が必要となります。

中高一貫校はその点、有利です。中学1、2年生は部活動で高校生と一緒になります。そのジャンルで神様のように知識豊富な先輩や技術に秀でた先輩がいて、自分を導くメンターになってくれるからです。

高校生の先輩たちこそ、後輩ひとりずつの個性に合わせた指導をしてくれる指導者となります。

つまり開成の学内には、指導者が山ほどいる。教える側と教わる側の関係

部活動で得られる
先輩・後輩の関係こそ
最高の少人数教育になる！

が、部活動を通じて毎年続々とできていきます。

先輩から学んだ中学生は、数年後に今度は教える側になるわけですが、ここにもいい効果があります。人は教える側に回ると急速に成長します。なぜかといえば教えるときには、相手にわかるようきちんと知識を整理して、表現しないといけないからです。

教えることによって、論理性が身につくのです。自分も先輩からいろいろ教わってうれしかったから、今度は自分が後輩に教えてやろうということになり、それによってじつは教える側が大いに伸びていきます」

次に
教え合う学習は
なぜ効果があるか
端的に言えば
能動的な学習に
なるからと……
自分の理解度が
測れるから
能動的というのは
前にも話したけど
……
人に教えるためには
自分で理解し整理し
相手に説明しなくては
いけないので
頭の中に定着しやすい
「ドラゴン桜２」から

頑張る先輩の背中が後輩のチャレンジを促す

新しい中学1年生が入ってくる時期、「開成にうまくなじめるだろうか」と毎年、柳沢さんは気をもんだそうだ。

けれど、生徒が続々と自分の好きな部活動に入っていくのを見るともう安心だ。あとはいわば放っておいても、うまく回っていくと確信できたという。

「大学受験についても、先輩後輩の結びつきは、いい作用を及ぼします。熱心にやる人は高校3年の5月まで運動会などの課外活動に打ち込んでいます。それこそいつ勉強しているんだろうと思うほどですが、課外活動を引退してからしっかり切り替えて、そこから勉強して多くは希望する大学へ入っていきます。

それを間近で見ていた後輩はどう思うか。あの人でも受かったんだ、じゃあ自分もという気持ちになりますね。志望する大学に入ることへのハードルが低く見えるのです。

人はあまりにハードルが高いと跳ぶ前から心配ごとばかり並べ立ててしまいます。ハードルを気にせず果敢にチャレンジを繰り返していったほうが、ものごとを乗り越えられる確率は高くなるものです」

この時期は部活をしたり恋人と遊んだり趣味を楽しんだり本当にダラーっとしているのです
そして後輩たちはそういう先輩たちを見ている
ところが集中する力はあるから3年になって勉強を始めると馬力がすごい
夏ごろから猛烈に追い上げて一気に東大へと駆け込んでしまう
それも　もちろん後輩たちは見てるそして口々に言うのです
「なあんだあの人が行けるなら俺だって行けんじゃん…」

「ドラゴン桜」パート１から

学業以外の価値観を学ぶ場として部活を重視

部活動を強調し活用するのは、開成に独自の事情もひとつあるようだ。

「開成に来る子は、小学生時代にはどの学校でもトップクラスの成績です。ところが中学に入って、最初の中間試験があると順番がつきますね。そこで上位の成績を収められてホッとする人はほんのひとにぎり。あとの大半の人は、小学生時代よりも順番が落ちてしまいます。

学業成績だけを価値だと考えていると、がっかりして落ち込んでしまう人が出てきます。成績がいいのは価値あることですが、世の中にはいろいろな価値があって、学業優秀というのもそのうちのひとつだと考えをシフトしてもらわなければいけません。

大切なのは自主性を持ってものごとに取り組み、自律した自分をつくり上げること。中学校に入ったら早いうちにそのように価値観を変えていってほしい。

そのためには部活動に打ち込み、同好の士と好きなことを共有する時間を持つことが、たいへん効果的なのです」

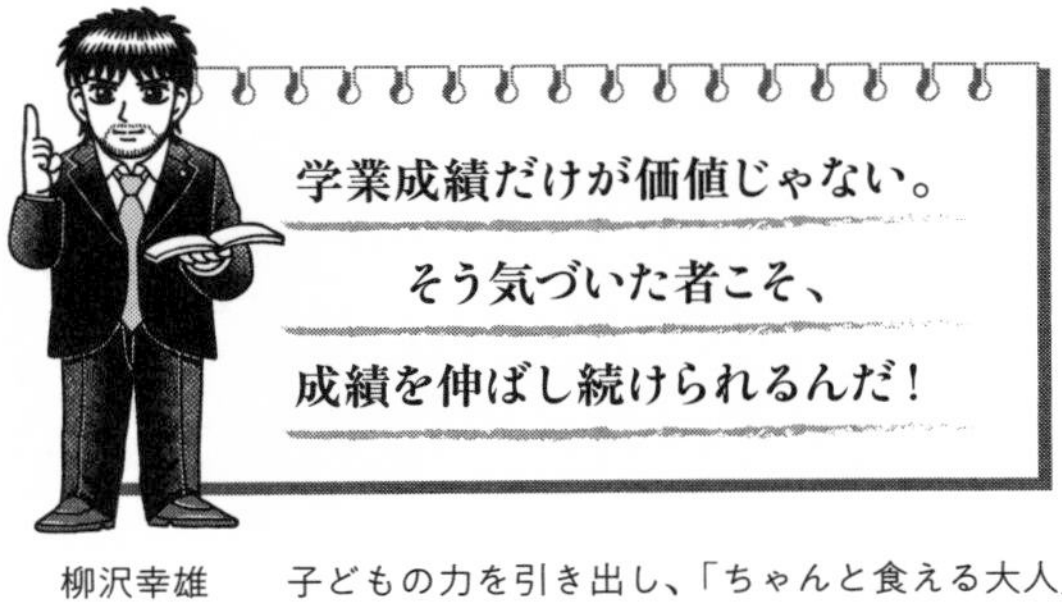
学業成績だけが価値じゃない。
そう気づいた者こそ、
成績を伸ばし続けられるんだ！

子どもは生まれながらに「親離れ」の本能を持つ

つまりは中学生になったら、価値観を変え、視野を広げていくのが大切ということ。ひょっとするとこれは、親の側にも言えることなんじゃないだろうか？

「中学受験というのは、競争の激しい世界なのは確か。合格を勝ち取ることだけ考えて受験期間を過ごすようになる気持ちはわかります。

当の子どもたちはもちろんのこと、親御さんがたいへん頑張っておられるのももちろん知っています。

では合格して中学生になってから、どう気持ちを切り替えるか。親御さんのほうがうまく切り替えられない例は多いようですね。

そこで私は合格者説明会で、親御さんにこう話しかけるようにしていました。

『これまでの道のり、本当におつかれさまでございました。子どもと密着した子育ては、これで終わりです。これからは子離れをしてください。

子どもには本来、親離れの本能があります。が、生物学的に見て、親には子離れの本能が備わっていません。

自然界での生物は、次の世代ができると親世代は入れ替わりに死んでしまいますから、子離れの機能などいらないのです。

人間だけは、子どもが成長したあとも親世代が数十年も生きることになっていますから、意識的に子離れをしなければいけなくなります』

「話を聞く」ことが子どもの読解力を養う

中学受験というハードルは、親子が一体になって挑まなければなかなか越えられない。それを首尾よく終えたとしたら、両者はそれぞれの道を歩めということだ。では、子離れはいつごろから意識するのがいいだろうか？

「中学生になるころからでいいでしょう。そのあと親としてどう子どもと接すればいいかといえば、よき『聞き役』になるのを目指すべきですね。

先日、ある雑誌の企画に協力して、東大生へのアンケートに目を通しました。

すると、

『小さいころから親がよく話を聞いてくれた』

『勉強しろと言われたことがない』

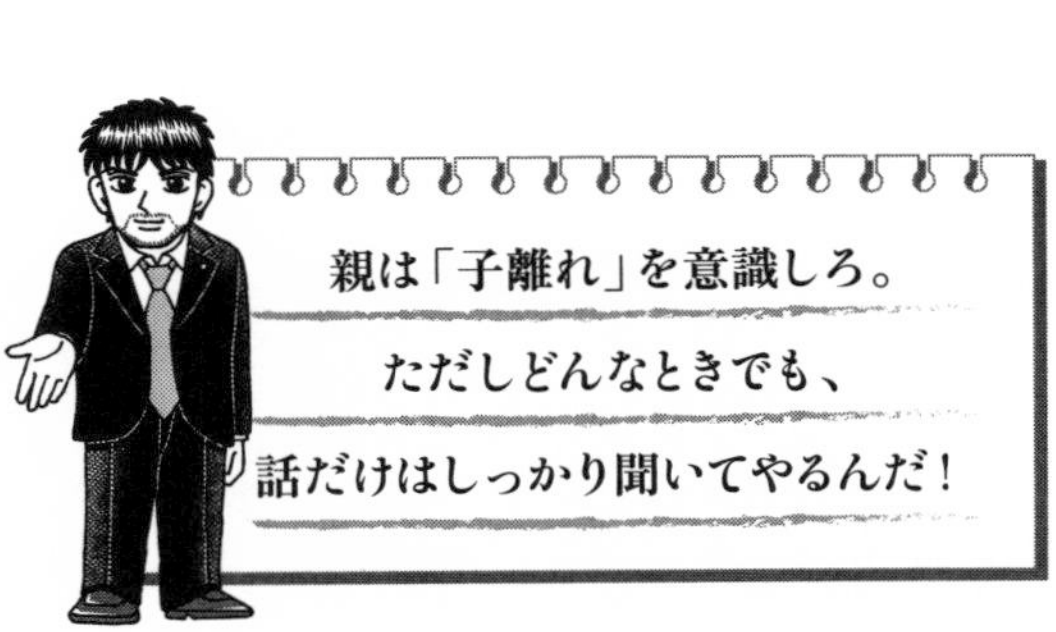
親は「子離れ」を意識しろ。
ただしどんなときでも、
話だけはしっかり聞いてやるんだ！

という回答が多数を占めていました。

東大生の多くは親から小言を言われることなく、話をすれば耳を傾けてもらえる環境で育っていたのです。

話すことというのは思いのほか重要です。相手が理解できるように話をするのは、勉強における基本中の基本。わかるように話すというのがすなわち論理性ですから。

論理性があれば、読解力は自然と身につきます。読解力がつけば、教科を問わず試験の問題なんてちゃんと解けるようになります。

子どもの論理性を養うには、たくさんしゃべらせることです。人は相手がいればこそ話をするものですから、親はとことん子どもの話の聞き役になってあげるのです。

辛抱強く聞いていると、子どもは話しながら自分で論理を組み立てられるようになっていきます。

子どもは自分の身の回りのことを何でもしゃべる。親はいつでも話をちゃんと聞いてあげる。そういう親子関係を築くことが、勉強しなさいと口やかましく言う前にまずは必要なことです。

勉強しなさい、とつい言ってしまう気持ちはわかりますが、それを言われて楽しく勉強している人を見たことがありません。

自分の経験を振り返ってみればわかりますよね。そういうことを言われて、やる気が失せたことがきっとあるはずです。

自分の子ども時代を思い出しながら子育てすると、いろいろなヒントが得られるものですよ」

課題を残す部分も多い教育改革

教育界で盛んに話題に上る「教育改革」については、どのように捉えているだろうか。


「大学入試の改革として、記述式解答を増やすとか英語で四技能を求めるといった方向性は、正しいと思います。

人ときちんとコミュニケーションをとるためには論理的に思いやものごとを伝えることが大切です。その能力を問うのが記述式の試験となります。ただし、記述式の場合は、ひとつの問いに対する答え方は千差万別で、解釈が割れる内容もあります。

だからこそ問題をつくる人と採点する人、その試験によって選ばれた子を教えることになる人が、三位一体になっていないとうまくいかないし効果も発揮されません。

ですから実際のところ、大学入学共通テストのような大規模な場で記述式を導入するのは、はたしてうまく機能するかどうか。道は険しいと思いますね」


なるほど、では従来の「読み・書き」重視から「聞く・話す」もしっかり取り組もうという、いわゆる英語の四技能を養う考えについてはどうか。


「英語の四技能のほうは、外国語に対する日本人の歪んだ認識を整えるのに、意味と効用があります。

古来日本では、中国からの文物を取り入れて知見を増やしてきました。中国の文献を読み、それについての問い合わせや感想を文章で書けるというのが、新しい知識を得るのに必須でした。

読み書きがよくできることはすなわち、社会的な立場を強固にすることに直接つながったのです。

知識や文化を大陸から仕入れていた日本ですが、地理的には海を挟んで離れているので、中国語をしゃべる人との直接的な交流はほとんどありませんでした。

中国語を聞いたり話したりする必要はなく、読み書きさえできればエリートになれました。

その後、西欧との付き合いも始まり、知識を仕入れるための言語がオランダ語や英語になったときにも、まったく同じことが起きました。

知識を商売にする層にとっては、読み書きができることがいつだって何よりも重要でした。

ところが、言語には本来、日常のコミュニケーションをはかる役割もあります。いえ、そちらのほうが主たる機能と言っていいでしょう。

いま日本には、観光地をはじめ外国人がたくさんいますし、仕事で海外とやりとりすることも増える一方です。他言語を聞けて話せないと困る場面が増えてきました。

外国語を聞く・話す能力が求められているのだから、それを重視しようということには意味があります。方向性としてはこちらも正しいと思われます。

開成では教育改革・入試改革への対策をしているのか、ですか？　じつは特別なことはしていません。

たとえば語学の授業では、もともと話す・聞くは重視しており、英語教師の9割方は英語だけで授業を展開できる人がそろっていますので」

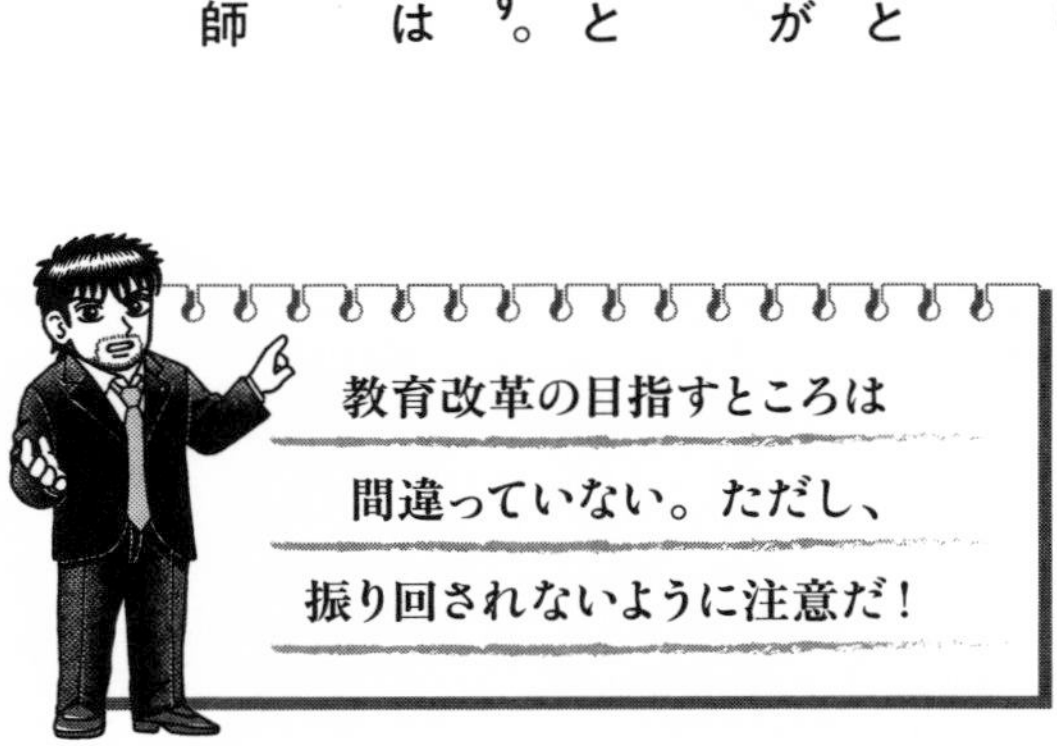
教育改革の目指すところは
間違っていない。ただし、
振り回されないように注意だ！

開成ではこれまでも改革の内容を実践してきた

教育改革とはより本格的な、そして時代に則した知の獲得を目指そうとしているもの。それ自体は悪いことじゃないし、開成ではすでに以前からそうした方向での教育がなされていたということのようだ。

「そうですね、開成が教育改革をうけて、活動や方針を大きく変える必要はいまのところないでしょう。

これまで培ってきたものを生かしながら、自分の足で立って歩ける人がこれからもたくさん巣立っていってくれたらいいですね」

Q 学びの本質って何だと思いますか?

A 好きなことに没頭して、一息ついたとき、前よりもうまくできるようになったと実感したときの充実感、喜びが学びの本質への第一歩。その充実感、喜びが新たなチャレンジに向かわせる原動力となり、新たなチャレンジに没頭し、充実感、喜びを再び感じる。この循環を自己の中に確立することが学びの本質です。

柳沢幸雄さんがすすめる1冊！

本屋さんに行って、ページを開いておもしろそうだなと感じた本がおすすめの１冊です。

小学校へあがって無農薬野菜について調べるように言われた時……
電車を調べた時に覚えた手段を自然に応用できるでしょう
繰り返し色々なものを調べているうちに調べ方は洗練されていきます
一つの手段を覚えて洗練させればいくらでも応用が利きます
知識は忘れるものならば頭の中はからっぽでいい
できるだけたくさんの洗練された手段を持ち求めに応じて色々と対応できる学生が優秀で将来性があると東大は考えている

「ドラゴン桜」パート１から

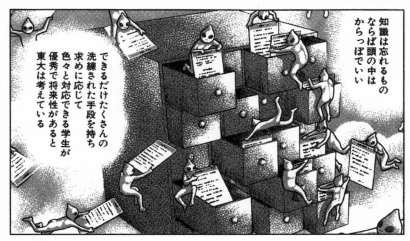

「ドラゴン桜」パート1から

「自分」を主語にして語れたら、世界のどこでも通用する人材になれる!

武蔵野大学中学校・高等学校校長

日野田直彦

※このインタビューは2019年11月に実施したものです。

日野田直彦

1977年生まれ。武蔵野大学中学校・高等学校校長。幼少期をタイで過ごす。同志社大学卒業後、大手進学塾に入社。2008年、奈良学園登美ヶ丘中学校高等学校の立ち上げにかかわる。14年、大阪府の校長公募に手を挙げ、同府立箕面高等学校校長に。36歳で府立学校最年少の校長となる。18年度から現職。20年度からは、武蔵野大学附属千代田高等学院校長も兼務。著書に『なぜ「偏差値50の公立高校」が世界のトップ大学から注目されるようになったのか!?』(IBCパブリッシング)がある。

異色の経歴と独創的な教育実践で注目を浴びる教育者がいる。日野田直彦さんは、大阪の箕面高校に公募校長として赴任するやいなや、海外の名門大学への進学者を多数輩出して話題を呼んだ。現在は東京に移り、武蔵野大学中学校・高等学校の校長を務めている。

どうやら俺の「東大へ行け!」という方針とは違う角度から、子どもを伸ばす方法論を展開しているようなのだ。これは気になるじゃないか。東京都西東京市にある学校を訪ねて聞いてきた話を、心して頭に叩き込もう。

民間企業勤務を経て、公募で校長職へ転身

「僕も人から『リアル・ドラゴン桜だな』と言ってもらったこと、あるんですよ」

そう話し始めてくれた日野田さんは、大阪の大手進学塾勤務や、奈良学園登美ヶ丘中学校高等学校の立ち上げに参画したあと、公募されていた大阪府立箕面高等学校校長に手を挙げて、4年間その職務に就いた。

学力的には大阪の中堅どころといった位置づけで、際立った進学実績を持たない同校から、在任中計60人弱の海外トップ大学合格者を出して話題を振りまいたのだ。

そのなかには、少人数の学生が世界中を移動しながら学ぶユニークなスタイルで知られ、日本からの合格者はまだ少ししかいないミネルバ大学も含まれる。日本の一条校としては、初めての合格者だった。

これは確かに、難関大進学者など一切いなかったわが龍山高校が、いきなり東大合格者を出したときのインパクトに、勝るとも劣らないものだな。

モットーは「何事も自分ごととして取り組もう！」

2018年4月からは武蔵野大学中高に活動の場を移した日野田さんが、いったいどんな学校運営をしているのか。大いに気になるじゃないか。

「学校を移っても、根本の方針に変わりはありません。基本的には、『自分』を主語に語れる人間になってほしい、ただそれだけです。

インターネット上で匿名のまま人の批判や悪口ばかり言うようなことにだけはなってほしくないんです。

いえ、ものごとを否定するのはダメじゃないんですよ。批判も大いにけっこうです。ただ、そういうのは陰でコソコソするものでは決してないし、否定するときには必ず代案を差し出すべきです。

悪口を言っている時間があったら、提案によって事態がいい方向に進む道を探るほうが、どう考えてもおたがいにとってプラスでしょう？」

ひとごとのような顔をして体験を重ねるのはよろしくない。人生のオーナーシップを自分自身で握れる人間になろうというのが、日野田さんの思いなのだ。

成果をあげる校長、
その根本方針は
「自分を語れる人間たれ」だ！

先生の仕事量を整理したら、海外大への進学も増加

教育実践はどのようにしてきたのだろうか。

「具体例は細かいものからいろいろあります。まず、あれこれあった補習や補講はやめにしました。そういうのは参加しているというだけで、なんとなく満足してしまうことも多いですからね。

そもそも先生たちがオーバーワーク気味だったので、負担を軽減する必要もありました。生徒のためなら何事も時間をかけるのがいいとの発想を改めてもらい、いつでも休めるようにして、長い休暇もきちんと取ってもらえるようにしました。

先生が疲れた顔をしていたら生徒にはすぐわかるうえに、そういうのは伝染してしまうもの。先生には、子どもたちのためにも、ひとりの大人としても、生き生きとしていてほしいと考えています。

海外大学への進学も増加の一途です。そのために必要な情報は適宜生徒たちへ伝えていますし、相手の大学からも続々と推薦枠をいただけるようになりました。

実感と関心を醸成してもらうために、米国のＭＩＴ（マサチューセッツ工科大学）を訪れて、教育系ベンチャーとコラボで独自開発したアントレプレナーシップ研修プログラムを実施しています。

そちらの方面には僕の知り合いや友人が多いので、いまのところ僕が引率していています。本校の教員にも複数同行してもらって、現場で行ったことを日本に持ち帰り、学校の授業にも還元しています。

内容としては、デザインシンキングをもとに、身近な社会課題を解決するために『その人にしかできないこと』を、哲学を含めて深掘りし、本当に解決したいという『価値』と『意味』を見出させるものです。

最終的には、ＭＩＴ関係者に短くプレゼンテーションして、フィードバックをもらい、今後のモチベーションにつなげます。

僕に言わせれば、世界で最高に『イカれた人たち』がそこには山ほどいる。彼らのプレゼンを聞き、さらにそれを自分が考える課題解決の糸口としてもらうという内容で、参加した生徒たちの目の色は、これで少しずつ、しかし大きく変わっていくものですよ」

上手なアイデアの吸い上げが学校改革につながった

英語と国語を掛け合わせて、言葉の運用がきちんとできるようになるための「言語活動」という授業時間を取り入れるなど、武蔵野大学中高はカリキュラム面に手を入れることも大胆にしているんだ。

ただしこうした新しい施策について、日野田さんはトップダウンで拙速に決めることをしない。生徒や先生のやりたいことを吸い上げるボトムアップの手法で、あらゆるものごとを進めていくのだ。

「そのためにマインドマップづくりやブレインストーミングなど、ディスカッションや意思決定に役立つ方法が学べる機会を生徒・先生方に設けています。学校生活のオーナーシップは、自分たちで握っていてもらいたいので。

みずから考える力や発信力がつくからでしょう、補習や補講をすべて取りやめても、学校全体のいわゆる学力・偏差値はぐんと上がっていますよ。

学校説明会への参加者は激増し、受験者、入学者ともに急激に増えている状態です」

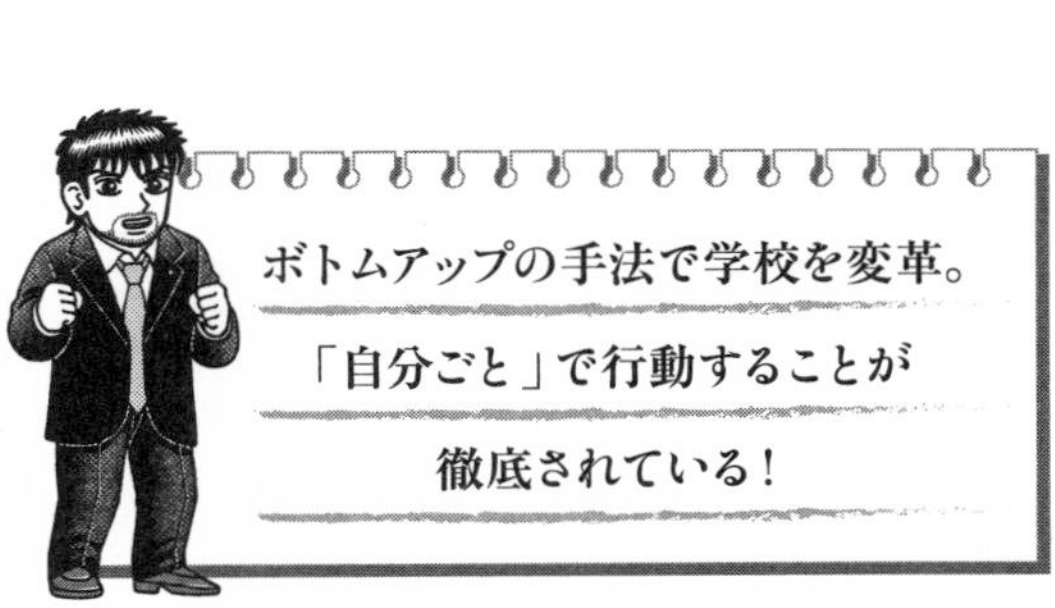
ボトムアップの手法で学校を変革。
「自分ごと」で行動することが
徹底されている！

短期間での変革を実現したのはどうやら、先生にも生徒にも「自分たちで考え、やりたいことをやってもらう。そのための武器はきちんと渡す」という方針が貫かれているからなのだな。

校則の変更、部活の新設……全て生徒の発案で実施

日野田さんのボトムアップ手法は、学校生活全般に及ぶ。

「本校は以前から、『校則が厳しい』と言われてきました。ただよく見てみると、さまざまな経緯があり、単に厳しいわけではなく、細かく書かれた部分が多い、と言えます。

これを『ブラック校則』と断罪して私の手でこれを変えたり緩めたりするのは簡単なのですが、トップダウンで押しつけるようなことは絶対にしません。生徒たちが校則を変えたいと思うなら、チームをつくって話し合って、自分たちで決めなさいと伝えてあります。

何事も『いままでの経緯』や『コンサバとリベラルの存在』があり、一方を立てれば一方が立ちません。そこでていねいに議論を重ね、時間をかけながら多くの人たちが『7割満足3割不満』まで持っていくことが大切です、

とも伝えています。

それで実際にチームを立ち上げて、話し合っている生徒たちがいるのですが、意見調整がなかなかつかないのは当然で、ずっと話し合いを続けています。

でも、それでいいのです。自分たちの校則を獲得しようとして、話し合ってもめた経験というのは、大人になってからきっと役に立ちますからね。

さらに言えば、話し合って結論を出す過程で、多数決は禁止とも言い渡してあります。少数派を押しのけるようなことをしたら、それは人権侵害だよと、ことあるごとに伝えています。

部活動も同じです。何か新しくつくりたい部があったら、提案しに来てくださいと言っています。

このあいだ実際に、ある部を新設したいという生徒たちが僕のもとへやってきました。説得力のある計画かどうかをきちんと見なければいけないので、プレゼンをしてもらいました。内容が少し甘かったので、『これじゃ通せない』と、やり直しさせることにしました。

エビデンスをきちんとそろえて、立ち上げにかかる予算や運営費の見積もりも取らせています。改めて、生徒たちは僕のもとに乗り込んでくるはずですが、そのときにどれくらい計画をブラッシュアップできているか、楽しみですね」

トライ&エラーが学びを促進させてくれる

何事も自分たちで主体的に決めて、実行すればいい。ただしだれをもきちんと説得できるほどの論理と計画性を備えた企画であれば、ということだな。手加減なしで子どもたちのプレゼンを見極めるとは、なかなか手厳しい気もするが……。

「いえいえ、そこはシビアにみていかないと。子どもたちだって近い将来、いま大人が築いているリアルな社会へ入っていくわけです。そこで通用しない方法ばかりを教え込まれ、机上の空論のもとでいくら鍛えられたってしかたありません。

それよりも実社会でそのまま通じる能力を最初から身につけて、高いレベルでガンガン試していくべきです。そうすると、最初はうまくいかないことが多いのは間違いない。失敗を山ほどすることになるでしょう。

でも、うちの学校では失敗こそ奨励しています。たくさん失敗しよう、それでこそ学びは促進されますよということは、繰り返し言っています」

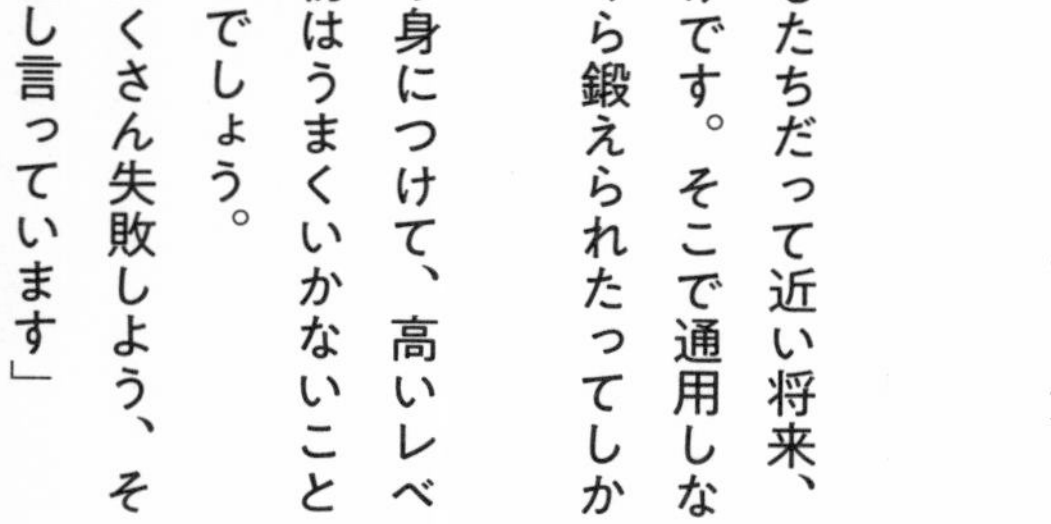
リアルな社会に対応できる課題に
子どものころから取り組め!
それが真の力になる

キラキラと輝く大人の姿が最良の教科書

踏むべき手続きを踏み、説得力ある発信をすれば、校則だって改められるし、新しい部活動だって立ち上げられる。

自分たちのことは自分たちで変えられるということを、武蔵野大学中高の生徒たちはじんわり肌で感じるようになるわけだ。

それだけ自主的に活動する習慣が身につけば、勉強だって自分で計画を立てて動機づけをして進められそうだし、学力以外の「生きていく力」のようなものを得られそうだ。

「そうです。実際、大人の世界だって同じです。現状にただブツブツ文句を言っているだけでは何も変わりませんが、不満なところがあれば代案を立てて提示して、周りとコミュニケーションをとりながらみずから動けば、どんなことだって変えていける。

そういうすてきな仕事をしていて、キラキラと輝いている大人は世の中にたくさんいるものでしょう？　それを子どもたちにも知ってほしいですね。

何より必要なのは、子どもたちの身近にいる親や先生たちが、キラキラし

「ドラゴン桜２」から

た大人になってその姿を見せること。それが本来、最良の教育になるはずなのです。

あこがれの対象や確固たる自分の未来像を描けて、そのために必要な手順やスキルを身につける気になった子どもは、学業成績が伸びるのはもちろんのこと、世界のどこでも生きていけるような力をつけていくことができます。

僕の前任の箕面高校でも、いまの武蔵野大学中高でも、海外トップ大学の合格者が出ているのは、そこがポイントです。

海外トップ大学の入学試験では、少なくとも日本式のペーパーテストの得点なんてほとんど何の意味も持ちません。

海外大が重視するのは「自分は何者か」を語る力

「『あなたはどんな人間ですか』『あなたはこれから先、どんなことで世界に貢献しようとしているのですか』『何を為したいのですか』といった問いが投げかけられ、それに対して円滑なコミュニケーションのもと、明確に答えることが求められます。

僕らの学校で10代の大切なときを過ごす子たちには、これができるようになってもらいたいと思っているのです」

親も先生も、キラキラした顔を
子どもに見せろ！
それが最良の教育だ

そのためには、親や先生のマインドを変えてもらうことも必要になってくるようだ。

「そうです。先生たちには、自分のいちばん好きなかたちで授業をしてくださいと真っ先に伝えました。

自己開示やチームビルディングを学ぶ場や機会もふんだんに用意してありますから、変わろう、足りないものを補おうという気のある先生はどんどん新しいものを取り入れられる環境です。

先生も生徒も元気であれば、学校としてそれ以上、何も求めるものなんてないのではないでしょうか。

学校をランキング化する数値はいろいろありますが、そんなことを気にする必要はないでしょう。そもそも先生と生徒が輝いていれば、数値だってごく自然についてきますからね」

東大の学問レベルだって海外大にひけを取らない！

では日野田さんからみると、俺が龍山高校で説いている「東大へ行け！」という教育方針と目標設定は、時代遅れだったりするだろうか？

「いえ、そんなことありません。はっきりとした目標を掲げるのは大事なことですし、僕も東大は大好きです。

東大の入試問題は非常にロジカルで、解くのが楽しいものになっています。僕も毎年、数学の入試問題にチャレンジしていて、毎回けっこう燃えさせてくれますよ。

詰め込みの勉強では意味がありませんが、本質を学ぶ気概を持って勉強を進めて、その力試しとして東大を受けるというのは、いい学びの方法になると思います。

『日本の大学のトップはやっぱりすごい！』と感じさせてくれるだけの良識や学問・研究レベルを持った場です」

昨今の教育改革・受験改革の議論についてはどうか。どう対応すべきなのだろう。

「そうですね、うちの学校としては、教育改革に対応して受験対策するといったことを明確な目標にはしていません。

ただ、教育改革と呼ばれ、計画されている方向性や推奨される実践例は、自主性や考える力の強化などなど……、すでに僕らがずっとやってきたこととほぼ重なっているのです。

教育改革に特別な対応はしません、でもよく見てください、すでにすべて対応済みですよという言い方はできそうですね」

貪欲さに欠ける日本の子どもたちがすべきことは?

日野田さんと接することのできる生徒はいいが、そうではない全国の子どもや親に、授けるべき言葉や行動の指針はあるだろうか。

「いまアフリカに行って、子どもたちの教育環境に触れるとびっくりしますよ。多くの子が早い段階で、プログラミング言語を5つくらいマスターしています。

いったいどこで勉強したのかと聞くと、村に数台だけあるｉＰａｄを使いＭＯＯＣｓで学んだという。

確かにいまはインターネットを通じて世界中のトップ大学の授業だって受講できてしまう。情報を手に入れるには、スマホひとつあればできるのです。

あとはそこにアクセスするかどうか。貪欲に何かを求める気持ちがあれば、どこにいたって最先端を学ぶことはできます。

いまの日本の子どもたちには貪欲さが足りないという声は聞きます。そうかもしれませんが、難しく考えなくたっていい。

日本の子に新しいことやってみたら？と言うと、つい環境問題をどうにかしたいなどと壮大な話をしがちです。

でも、たとえば、隣の子が困っていることの問題解決をすれば、その向こうに世界が広がっている。そういうのは小さい話だからとバカにしてしまいがちですが、そこから始めるのが何より大事なんだよときちんと教えたいところです。

それに、いまの日本は課題先進国なんです。少子高齢化や経済の停滞などで、これから解決すべきことが、世界に先駆けて続々と表面化しています。

それなのにバブル経済以降、社会システムは機能不全のところが多々あって、変えなければならないところがたくさんある。どこに目を向けてもやるべき新しいことがあります。

そして、その課題を解決すれば、いつかアメリカ、中国、インドも同じ状況になったときに、世界を救う勇者に日本人ないしは、日本に住んでいる人たちがなるかもしれません。それって最高のことだと思いませんか？

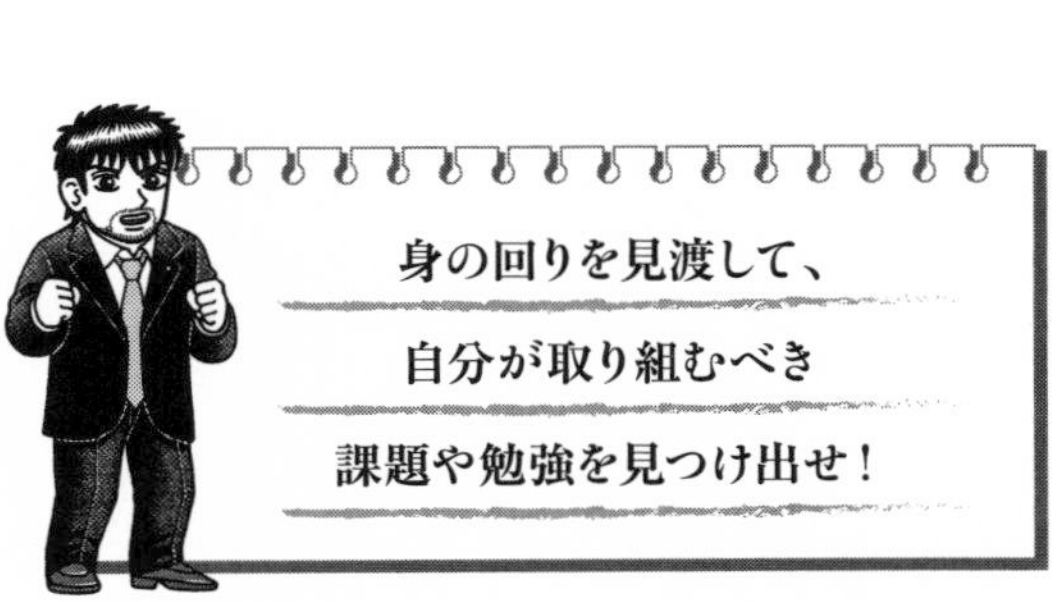
身の回りを見渡して、
自分が取り組むべき
課題や勉強を見つけ出せ！

周りを見渡して、ぜひ自分が取り組みたいことは何か見つけてみてください」

Q 学びの本質って何だと思いますか？

A 19世紀以降の近代学校における「学び」とは、資本主義社会において、成功するために必要な知識（Knowledge）と技術（Skill）をつけることであり、学校はそれをつける場所でした。しかし、21世紀においては、SDGsをはじめ、資本主義社会の限界が見えてきていて、いままでのしくみを乗り越えていこうとする気持ち（Mindset）に気づくこと、そして、そのMindsetをもとに学び続け、変化し続けることが「学びの本質」である、と世界の最先端をリードする人々は考えています。学校は、その目的を達成するために存在している、と私も考え、その実践を続けています。

日野田直彦さんがすすめる1冊！

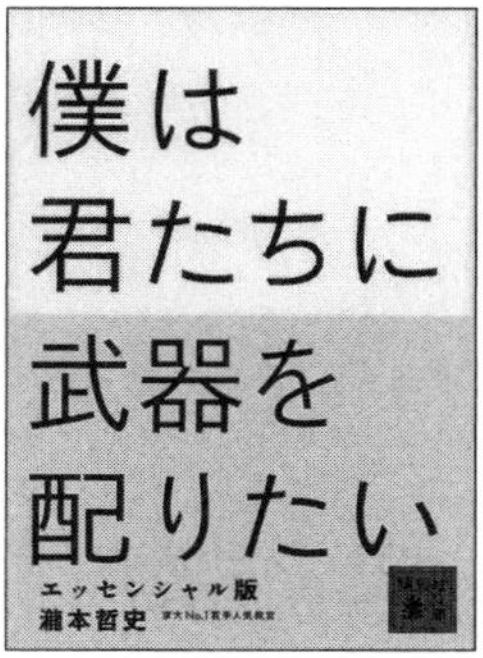

「僕は君たちに
武器を配りたい」
瀧本哲史
（講談社文庫）

この本は、日本の多くの人たちが、「ふつうでいい」「安定を望む」という言葉を述べ、一方で、自己肯定感が低いと言われる中で、「どのように生き抜くことが大切なのか？」を明確に示してくれています。

大きく変化するグローバル社会において、世界における「自分の価値」をどのように上げ、コモディティ化（一般化）しないようにするか？　未来ある若い人たちに、方向性を示した素晴らしい本です。

2時間目

学校・授業が変わる！

熊本大学教職大学院准教授
前田康裕
数学教師
井本陽久

これからの学校教育は、学びに向かう力や人間性の涵養《かんよう》を目指す！

熊本大学教職大学院准教授
前田康裕

前田康裕
1962年、熊本県生まれ。熊本大学教職大学院准教授。熊本大学教育学部美術科卒業。岐阜大学大学院教育学研究科修了。公立の小中学校で25年教え、熊本市教育センター指導主事、熊本市立向山小学校教頭などを経て、2017年から現職。主な著書に、「まんがで知る教師の学び」「まんがで知る　未来への学び」シリーズ（いずれもさくら社）などがある。

教育にまつわるものごとの変化は、速くて激しくなる一方だ。流れについていていくのに、子どもたちもその親もたいへんな思いをしているわけだが、同じく翻弄されつつもぐっと踏ん張っている人たちがいる。学校の教師だ。環境の変化や教育改革の荒波を最もまともに浴びているのは、現場を預かる先生たちだ。

そんな悩める教師を導く書としてこのところ話題になっているのが、「まんがで知る教師の学び」「まんがで知る　未来への学び」の両シリーズだ。

タイトルの通り漫画を通して、教師はいまどう現実と向き合いみずから成長していかねばならないか。また、2020年度から全面実施されている新しい学習指導要領のポイントはどこか。わかりやすく教えてくれる本である。著者の前田康裕さんは、熊本で小中学校の教諭や教頭などを務めたあと、熊本大学教職大学院で研究・教育に携わってきた。教育の現場でいま何が起きているか、実態を伺おう。

2020年の教育改革でたいへんなのは、実は先生たち

前田さんは現場経験も豊富で、かつ教育学の理論にも通じているという稀有な存在。だからこそ、「まんがで知る」シリーズをかき継ぐこともできようというものだ。ちなみに、漫画もご本人が描いている。

『まんがで知る　未来への学び』『同②』では、新教育課程の理念を、ストーリー仕立てで解説している。

舞台は、少子高齢化が進み勢いが衰えつつある町とその中学校。子どもたちは授業でポスター制作の課題を出され、配布されたタブレット型端末を手に町へ出る。教師と子どもは、地域の住民とともに町の活性化を目指す――。

話の展開の中にＩＣＴ（情報通信技術）の導入と活用、アクティブラーニング、地域との連携など、学校が抱える喫緊の課題がゴロゴロと含まれているんだ。

知識を詰め込んで終わり、の学習観は刷新すべし

「変化の大きな時代に、教育はどう変わっていくべきかがよくわかる本にしました」

と、前田さんが執筆の意図を教えてくれたぞ。

「最も言いたかったのは、先生、親、子どものすべてが、学習観を変えていかないといけないということです」

なるほどこれまでなら、とにかく知識をたくさん蓄えましょうという「知識伝達型」の学びがノーマルな学習観だったといえそうだが、これを変えないといけない？

「そうです。教師は『知っている人』であり、子どもという『知らない人』の前に立って知識や技能を伝える。そんな前提のもと、これまで学校の授業

先生＝教える人

子ども＝教わる人

という凝り固まった学習観を更新しろ！

はおこなわれていましたね。

先生のその伝達能力自体はよく磨かれていて、授業をしているときは知識技能がしっかり伝わっていたと思います。

ただせっかく頭に入れたはずの知識技能は、テストが終わるとだんだん薄れていってしまう。大学受験向けの勉強なんてとくにそうでしょう。試験後にはほとんどさっぱり忘れてしまったり。

ある特定の時期だけ知識を詰め込んでおけば事足りる。そういう学習観は、刷新するべきときが来ています」

そうか、ではどのような学習観へとシフトすべきなのか。

仲間と協働してホンモノの成果物を制作できる子に

「これから必要とされる学習観では、一人ひとりがよき学び手になって学び続けるためのモチベーションが何より大切。加えて他者をリスペクトしながら協働し、自分も相手も気持ちのいい状態で仕事をしていかないといけない。

よりよい人間になること、それを目標に学び続ける姿勢が求められていると言ってもいいでしょう」

そのためには授業のスタイルも、黒板の前に立つ先生のほうへ子どもたちが顔を向け、一斉に話に耳をかたむける「聴講型」から脱却しなければ、とのこと。

「子ども同士が学び合い、子どもたちみずからアウトプットする授業にしなければいけません。3、4人のグループで集まり顔を付き合わせて、この課題にどう取り組めばいいだろう、この問題はどうやったら解けるかと、子ども同士が協働していく。ディベートしたり、意見をまとめてプレゼンしたり。成果物を制作するような内容にならなければ」

いわゆるアクティブラーニングと呼ばれる授業だな。確かに昨今、授業にそうした要素を取り入れようとのかけ声はよく聞く。が、なかなか中身のある実践はできないとの話もまたしばしば耳にするぞ。学習効果や効率は上がるものなのだろうか。

そう疑問を呈すると、前田さんは自身のこんな経験を話してくれた。

「私が小学校で、国語の専科を担当していたときのことです。

小学5年生の国語の単元に『インタビューをしよう』というものがあります。これを教科書の記述内容に沿ってこなすだけだと、インタビューの練習をしてみて終わりになってしまう。そこで私は、子どもに先生たちをインタビューしてもらい、その様子を映像に撮ってテレビ番組にして、給食の時間に校内で放送することにしました。

つまり、練習ではなくホンモノのインタビューにして、生活に直結させるわけです。番組として流すにはしっかり実のあるインタビューにしないといけない。

先生の趣味は?と尋ねて、柔道ですと言われたら、さらに『え、なんだか意外ですね』『何段ですか』などと反応して、さらに相手の言葉を引き出していく必要があります。

おもしろい番組にしようという具体的な目標があれば、インタビューやコミュニケーションに大切なものも自然に身につくわけです」

人の役に立ったという実感が学習意欲を高めていく

「また、こんな授業もしたことがあります。

これも国語の授業なのですが、小学4年生の単元に『生活を見つめて』というものがあります。調べたことを報告書にまとめるというものです。

単に報告書を書くだけだと、目的意識の薄いものになってしまいます。そ

アクティブラーニングは
こうやって実践するべきなんだ!

こで、読んでもらう相手を保護者に絞って『学校生活白書』をつくるというホンモノのレポート作成を目的としました。

子どもたちは、保護者が知りたいと思っていることをもとにして、自分たちでアンケート調査を実施します。各学年ごとに、家でお手伝いは何をどれくらいの時間しますか?などと聞き、ほかの学年の生徒に答えてもらうのです。そして、アンケート結果を集計してグラフをつくり、それを材料にして読み取りや話し合いをしていきます。

家でのお手伝いは学年が上がるほどたくさんするような気がしていたけれど、調査結果は逆に低学年のほうがたくさんしているとなっている。なぜだろう、などと。そこでさらにインタビューするなどして原因を調べるわけです。

つくったグラフや考察は『学校生活白書』にきれいに印刷して保護者に渡しました。最後に、保護者から寄せられた感想を読むところまでが、一連の学習です。

自分たちが立てた問いに沿って調べを進め、報告書をまとめてフィードバックをもらう。自分のしたことで人を楽しませることができて、本当に役立つんだという実感が持てます。

何かを調べて報告するのはおもしろい、新しいことを知るのは楽しいと気

朝食前に
玄関を清掃する
帰宅したら
すぐに風呂を洗う
家事に慣れていなくても
できることは
いろいろあります

「ドラゴン桜２」から

づくことは、全体的な学習の意欲へとつながっていきますよ」

先生による適切なふりかえりが学びを定着させる

これからの学校での学びがアクティブラーニング中心となっていくとすれば、先生たちは、知識技能を伝達する従来型の授業をする機会が減っていくこととなる。

これは教師の負担軽減へとつながっていくのだろうか？

「負担が軽くなるかどうかはともかく、役割は明らかに変わりますね。

先生は、子どもたちの活動をファシリテートしていく役割を担うようになります。ファシリテーションとは、ものごとを活性化したり促進したりと、サポートしていくことですね。また、子どもたちのふりかえりをうながすことも、先生の大きな役割となります。

子どもたちが自主的に学習を進めると体験だけになりがちなもの。そこで、最後にふりかえりの時間をもうけて言葉にする必要があります。

しかし、『頑張りました！』『おもしろかったです』といった感想でなく、内容的にわかったことや自分たちの学び方をきちんと整理させるのです。

先生の役割は
ファシリテーターに変貌するぞ！

たとえば調べたことをリーフレットにまとめる学習をふりかえって、人に伝えるときには事実を伝える文章と、意見を伝える文章を区別して書かないといけないことがわかったとか。

文章だけでは伝わらないところは写真で補うとうまくいっただとか。時間が足りなくなったので、見通しを持って作業するのが大事だとわかったなど。

また、『○○君がほめてくれてうれしかった、自分も友だちをやる気にさせる言葉をかけてあげたい』といった仲間をリスペクトすることの大切さも、ふりかえって学びとして定着させていくのです」

「好き」を伸ばして学び続けられる子を育てよう

あらゆる手を尽くして、子どもたちを、社会に出てからも学び続けられる「アクティブラーナー」になるよう育てるという意識を、これからの教師は持つべきであるというのだ。

「ひたすら知識を植えつける授業を繰り返すよりも、そのほうが工夫のしがいがあって、先生たちも仕事としておもしろさを感じると思うんですよ。

アクティブラーニングによって自由に学ぶ環境を整えると、子どもたちはときに大人の想像を軽く超えていくこともあって、驚きの連続となるのもまた楽しい。

たとえばプログラミングの授業なんて、大人より子どものほうが得意だったりしますよね。授業の一環で、市販のゲームに近いようなプログラムを組んでしまう子がいたという例を聞いたことがあります。

こんな高度なものをどうやって教えたのかと先生に聞いてみると、いや教えたんじゃない、子どもがＹｏｕＴｕｂｅを見て覚えたらしいと。

そういうときは、先生の教えを逸脱しているからといって規制するのではなく、素直に『すごいね』とほめてあげればいい。その子はうれしくなって、もっとのめり込んでプログラミングに取り組むようになります。

学校でも家庭でも、大好きなことをどんどんやらせる。それがいちばんの学習です。ただし、それが探究型の学習になっているかどうかだけは見極めなければいけませんけれど。

探求型の学習とは、ひとつの問いがまた新しい問いを生んで、学びを促進していくような内容のこと。

たとえばプログラミングなら、基本的なやり方を覚えたら、こんなキャラクターを登場させるにはどうしたらいいか、ひとつのステージをクリアしたら画面を新しいステージに転換させたいがどうしたらいいか、と次々に問いが連なっていく学習が理想的です。

他人がつくったゲームで遊ぶのではなく、自分でゲームをつくるという学習です。うまくステップを踏んでさらに高度な内容に進んでいけるよう環境を整備することが大切でしょうね」

52歳で漫画づくりを独学、理論と現場をつなぐ

ときに前田さんは、なぜ漫画を用いて「まんがで知る」シリーズを著そうと考えたのか。

「私はもともと小中学校で教師をしており、大学の先生から誘われて学会に行くようになりました。そこで気づいたのですが、教育という領域では大学での研究と学校現場の乖離が非常に大きい。

大学の先生が論文で書いていることや学会で語られていることが、教育の現場にはなかなか伝わっていないのが現状で、常々残念だなと思っていました。

この乖離はどうしたら埋まるか。研究の難しい話でも、漫画に仕立てたらわかりやすく伝わるんじゃないか。ふとそう思いついたのが52歳のときでし

た。教師が学ぶべきこと、学習指導要領に書かれている学びの精神を、漫画にして知ってもらおうと決意しました。

イラストは好きで小さいころから描いていたものの、ストーリー漫画は描いたことなどありませんでしたから、ストーリー展開、描写力、コマ割りなど漫画のイロハはイチから独学していくことになりました。

参考にしたのは、ビジネス論をコミカライズしたビジネス漫画ですね。世に出ているものはほとんど読んで研究しました。いまだプロ漫画家の技量に及ぶべくもないのですが、出版してみると学校の先生から感謝されたり、全く違う分野の人も読んでくれたりしてうれしかったですね。

これまでに『まんがで知る教師の学び』『まんがで知る　未来への学び』の両シリーズで計5冊を刊行させていただきましたが、まだまだ伝えたいことはたくさんありますよ」

学び続ける大人の姿こそ、子どもに好影響を与える

前田さんがいま伝えたいと強くねがうのは、新しい学習指導要領の中身である。そこでは学びの目的について、以下のように整理されている。

1　生きて働く知識・技能

2　未知の状況にも対応できる思考力・判断力・表現力等の育成
3　学びを人生や社会に生かそうとする学びに向かう力・人間性等の涵養《かんよう》

「1」「2」の項目は以前から繰り返されてきたものだが、これからもっと注目すべきは、学びを社会に生かそうとする「3」の精神であるという。

「涵養というのは、水が自然に染み渡っていくように、少しずつ何かが身についていく状態のこと。人間性を涵養する学びは一朝一夕にできるものではありません。できれば低学年のうちに、いえ就学前からでも養っていくのが望ましいでしょう。

人間性の涵養なんて、本人以外が促すことはできるのだろうかと、つい思ってしまいそうですね。

先生はどうしたらいいか。肩肘張らず、子どもたちにとっての『学びの先輩』としてふるまえばいい。大人になってもラーナーとしてのモチベーションを保ち、学び続けているのだとすれば、それはもう立派な学びのプロフェッショナルです。

学び続ける自分の姿を、自信を持って子どもたちに見せてやればいいのです」

先生という存在は学びの
プロフェッショナルであれ！

子どもの疑問に親はとことん寄り添おう

ここまで学校の先生が「変わらなくちゃ」という理由や実例を見てきたが、親のふるまいはどうだろう。

これからの時代を生きる子に対して、どんな家庭教育をすればいいのか。


「特別なことをする必要はないと思います。以前からよく言われていることを、実直にやるのが何より。

たとえば、子どもの大好きなもの、興味や関心を捉えて熱中できるようにしてあげること。自分の好きなことならだれしも何でも知りたくなるものでしょう。『好き』をとことん知識化していくことで、学ぶための基礎体力が養えます。

親の態度としては、『なぜ?』と聞かれたときの対応を大切にしましょう。これ、なんで?と言われたら、なんでかな?と返して、すぐいっしょに考えたり調べたりする。そのためには子ども向けの百科事典なんかが家にあると便利ですね。

娘がまだ小さいころ、なんで台風って『台風』っていうのかなといきなり聞いてきたことがありました。私は、なんでだろうね？と受けておいて、英語のtyphoonから来ているんじゃないかな？といった話をしました。

そのあと娘が自分であれこれ調べて、じつは英語のtyphoonはもともと中国の言葉から来ているという説を見つけてきました。語源には諸説あるようですが。

こちらとしてはそこで、すごいね、よく調べたねとたっぷりほめてやります。好きなこと、気になったことを調べて表現し、それを大人からすごいと認めてもらうことで、子どもは充実感と成功体験を得られます。

成功体験をたくさん持っている子は、何をするにも意欲的です。成功体験を得るための環境を、親としては整えておいてあげたいところです」

お手伝いと外遊びが、学びの基礎力と高い志を育てる

家庭で習慣づけをしておきたいことはあるだろうか？

「読書習慣はぜひ身につけたいですね。これは必須のことだと思います。文章を読み解き、情報を得るというのは、最も基礎的な学びの技能ですから。読むものは何でも好きなものでいい。関心の向くものをどんどん読み進め

子どもの「なぜ」を
大切に扱うことが
家庭教育の第一歩だ！

ればそれでかまいません。

それから、人を喜ばせたり、困っている人に手を差し伸べたりする体験も、重ねていけるといいですね。かつてはいい家に住む、いいクルマに乗るといったモノが価値を持つ時代だったかもしれませんが、いまはすでに価値観が変化しています。

自分の言動にどういう意味があるか、それは人を助けたり喜ばせたりすることができるかといったことを重視する、意味やストーリーの時代になっています。そうした価値観は、小さいころから身につけておいたほうがいいですよね。家でお手伝いをして親に喜んでもらうですとか、そういうところから始めて習慣づける。

そうすると、社会に出て何をするにしても、志を高く持てるようになります。志が高い人や、社会のため・人のために行動できる人は、周りに人が集まり、みんなから応援してもらえるものです。

外で友だちとよく遊ぶことも、人とのかかわり方を知るために大事かと思います。健康上のメリットはもちろんのこと、遊びは仲間との協働のしかたを知る絶好の機会です。

こういうことをすると友だちは喜び、こんなことをしてしまうとムッとするんだと知って、ともに楽しむ方策を模索する。その過程では軽いケンカがあったっていいでしょう。

学校の授業でいくら道徳的な話をしても、なかなかピンとくるものじゃありません。人はリアルな体験のなかでこそ、多くを学んでいけるものですから」

その祖父が
最初に買い与えてくれたのが
紙芝居の
『みにくいアヒルの子』でした
みにくいあひるの子

はじめは祖父母が
読んで聞かせてくれましたが
そのうち僕自身が
読むようになったのです
あひるの子

「ドラゴン桜２」から

Q 学びの本質って何だと思いますか?

A 「学び」とは「何かに気づき、自分が変わること」です。

「習う」は内容が自分の外側にあります。「三味線の弾き方を習う」という使い方をします。一方、「学ぶ」は内容が自分の内側にできあがります。たとえば、「失敗から学ぶ」「生き方から学ぶ」という使い方をします。

よい学び手はどんなことからでも学ぶことができます。何かの経験のあとに、「自分は何を学んだのだろう?」と自分に問うことで、「学び」となっていくのです。

前田康裕さんがすすめる1冊!

©光プロダクション/潮出版社

「『三国志』全60巻」
横山光輝
(潮出版社)

漢王朝再興のために立ち上がった劉備、その義兄弟の豪傑である関羽と張飛、天才軍師の諸葛孔明、ライバルである曹操と孫権、さまざまな武将たちが繰り広げる戦国人間ドラマは、中国の歴史をわくわくしながら学ぶことができます。また、人々を大切にしながら力を合わせて大きな目標を達成することの喜びも実感できるでしょう。小説版の吉川英治『三国志』(新潮文庫)もおすすめします。

子どものプルッとした輝きのために親はあるがままを受け止めよ！

数学教師
井本陽久

井本陽久
1969年、神奈川県生まれ。数学教師。東京大学工学部卒業後、92年、母校・栄光学園中学高等学校の数学教師となる（2019年度から非常勤講師に）。首都圏で小中学生対象の塾「いもいも教室」を運営。国内・児童養護施設や海外・貧困地域等での学習支援も精力的におこなう。出演番組は「プロフェッショナル　仕事の流儀」。

「学び、教え、育てる」ことについて独自に深く探究している井本陽久さんに、話を聞くことにしよう。

視察希望が絶えない「井本授業」とは？

井本さんは、神奈川県鎌倉市の栄光学園中学高等学校で、長らく数学の教師を務めてきた。

主に中学生を担当しているのだが、その授業スタイルは独特そのものだ。板書をしながら教師が話し続ける講義形式ではないし、取り組むべき問題は示すものの、先生の側から解答を示すことは一切ない。

考えるもととしての公理や定理を与えられた生徒たちは、小グループに分かれて問題に取り組み、自分なりの解き方を模索していく。生徒一人ひとりがみずから考えることを、何より重視しているのだ。

知的好奇心を喚起し、意欲をかき立てることに長けた井本さんに導かれ、生徒たちは授業から「知ること」そのものの楽しさを感得しているよう。

「井本授業」が生徒に人気なのはもちろんのこと、これを見学したいという教育関係者が引きも切らないのである。

「学び」に触れられる場を提供したい

「成長し伸びていくのは、あくまでも子どもたち自身の力によるもの。僕にできるのは、生徒たちをいつもよく見ること、それくらいですね」

井本さん本人は、あっさりとそう言う。

ただし、だ。栄光学園といえば、東大合格者数上位の常連校であり、首都圏屈指の進学校のひとつ。井本さんの数学の授業が生徒たちの論理的思考力をみっちり鍛え、高い学力の下支えになっているんじゃないだろうか。

「どうなんでしょう？　そのあたりは結果論で、僕自身はそういうこと、本当にまったく意識していないんですよね。考えているのは、縁あって出会えた子どもたちが存分に『学び』に触れられる場をつくりたい。ただそれだけです。生徒たちが『プルッ』とするようになって、その様子を見られれば、こちらも幸せですから」

「プルッ」というのは、井本さん独特の表現。人が目を輝かせて生命力をみなぎらせている状態を指していう。

教育とは子どものありのままを認めること

学校の授業なんて、「わかる」「わからない」の差はあれど、おもしろかったり、ワクワクしたりすることなんて、実際にはまずないではないか。

なぜ、井本さんは、授業を躍動させることができるのか。

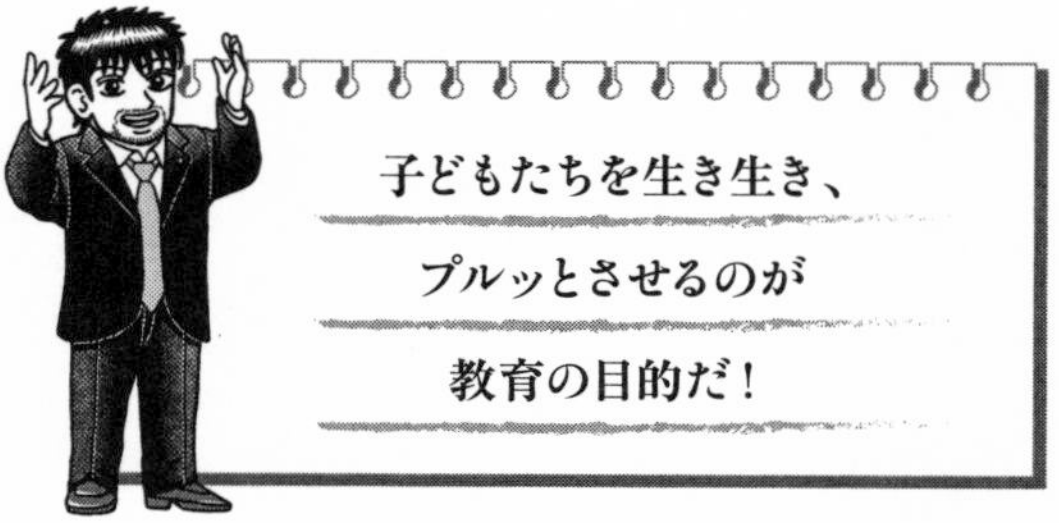
子どもたちを生き生き、
プルッとさせるのが
教育の目的だ！

「学校という場が僕は好きだし、生徒一人ひとりと出会えた縁を、得難い貴重なものと痛いほど感じてはいますが、ただそれだけですよ」

学校という場には、いわゆる受験学力をアップさせるだけではない魅力があると、井本さんは言う。

「学校のよさというのは、子どもたちが目的なく来る場であるところですね。生徒にしてみれば、学校ってまさに日常じゃないですか。『今月はこういうことを学ぶために学校に通っているんだ』なんて、意識的に捉えている人はまずいない。もっと漠然として、当たり前の存在としてある。明確な目的がないから、余白ができて、葛藤も生まれる。そこがいいんです。教育というのは、差し迫った目的や目標を達成するためのものではないと、僕は考えています。

いまその人がそこにいる。存在していること自体を喜んでもらえる。認めてもらえる。そうした肯定感を与えてあげることが、まずは何より大事なこと。

そのうえで、子どもが生きていく力を身につけたり、力を伸ばしていく姿が見られたりしたら、それもまたうれしい。

そこがベースだと見定めると、あまりにも目的を重視し過ぎる場というのは、僕の考える教育の場としてあまり機能しないんじゃないかと思えてしまいます」

ただ…じっと見守る
「そんなこと無理 観音様なんて なれっこない」… それもわかります
でも極力努力して 何とかその心境に 近づくように 親も頑張る
何たって… 子どもが頑張って いるんですから

「ドラゴン桜」パート１から

子どもの「いのち」そのものと向き合うべし

「そうは言っても、じゃあ子どものどこを見てあげればいいのか、ですか？

子ども一人ひとりの『生』そのものに目を向けたいですね。

子どもと対するとき、どんなことを念頭に接していますか？　その子の将来でしょうか。その子がやがて入っていく社会についてでしょうか。その子の才能や能力でしょうか。

違うと思います。

本気で対面したときは、目の前の人の『いのち』そのものと向き合わなければ、どうしようもない、そうしなければわかり合うことなんて到底できないと、感じたことはありませんか？

教育の現場で子どもと接するときだって、もちろん同じ。一人ひとりの子の『いのち』を見るしかないんですよね」

なるほど、「夏までに学力を何ポイントアップさせるぞ！」といった、目的に縛られた勉強とは明らかに違うものを志向しているのが、井本さんの教授法ということのよう。

子どもの「生命感」
そのものに目を向けよ！

それが結果的に子どもの力を伸ばすことにつながっており、その方法を知りたいと全国から授業見学の申し出が絶えないことになっているのだろう。

学力アップは教える側の力量に左右されない！

教育に目的を定め過ぎるな。一人ひとりの子の「いのち」そのものと向き合っていけばいい。井本さんはそう説いてくれるわけだが、教育を進め続けていくには、やはり子どもが「伸びている」という実感や結果が欲しくなろうというもの。子どもの学力を伸ばし身につけさせるには、どうしたらいいだろう。特別な方法論はあるだろうか。

「そうですね、実際のところ『教え方がいいから伸びる』とか『秘密のメソッドがある』なんてことは、ないと思います。教授する側の手法やテクニックが左右する要素なんてごく小さいと僕は感じています。

じゃあ子どもは何で伸びていくか。伸びを左右するものは何か。それは、『思考の土台』がその子にあるかないかにかかっています。この世界のルールやしくみみたいなものを、感覚的に得られている状態。それを思考の土台があると見なします。

はっきりとした言葉にしていなくてもいいのですが、いろいろなことを感得できていると、新しい情報や知識を与えられたとき、自分なりに反応したり、咀嚼したりできます。感受性に優れているという言い方でも、外れていないと思います。そうした思考の土台があると、学びはどんどん進んでいきますよ」

子どもの伸びを促す思考の土台は何で養える？

その「思考の土台」は、意識して築くことができるものなのかどうか。

「それは小さいころにだれもがする、遊びから養うことができます。というか、そこからしか養えないかもしれませんね。

「ドラゴン桜」パート１から

遊びの本質って何だと思います？　自発であることです。世にはいろいろな遊び方がありますが、共通しているのはそれが自発的で、目的はなく、何度も同じことを繰り返しながら、いろいろなことを感じ取っているところです。

遊びを通して人は、この世界の概念やルールのようなものを、つかんでいきます。

モノは落下するとか、冷たい・熱いの感覚とか、転がっているモノはだんだん遅くなるとか。ものごとのしくみを知る土台は、たいてい遊びから得られます。

そうした土台があってこそ、たとえば『速さ×時間＝距離』といった数式がちゃんと理解できることとなります。それはそうですよね。『速さ』というものに対するある種の感覚がなければ、この数式に『なるほど！』とは思えない。

遊びを通して『速さ』に触れている子なら、数式を見たとき、いつかどこかで得ていた感覚が呼び起こされ、それが言語化されるという作業が脳内で起こります。

『速さ』の感覚が身体内にない子だと、この数式を体得するのに丸暗記するしか方法がない。それではだんだん学びがきつくなり、伸びることもできな

小さいころの「遊び」から、
思考の土台を築き上げろ！

くなってしまいますね」

いまの時代は情報に惑わされてしまいがち

「思考の土台」をもとにして、みずから学びを積み重ねていくと、子どもが存分に力を伸ばしていけるようになるということか。

「そうです、自分の興味のあることを、自分の考えのもと、自分のやり方でやる。そのとき子どもは最もキラキラと輝きます。そういう瞬間に触れられる教育の仕事って、本当に楽しいものですよ」

井本さんは栄光学園での数学の授業を受け持つとともに、2016年からはジャンルにとらわれず学びを実践する塾「いもいも教室」を主宰してきた。また、神奈川県葉山町で活動する「星とおひさま　葉山里山の学校」で講師も務める。

子を持つ親と接する機会も多々あると思うのだが、わが子を大きく伸ばすための、育て方の流儀や留意点はあるだろうか。

「保護者の方々の話を聞くことは多くて、悩んでいらっしゃる方をお見かけすることもよくあります。とくにお母さん方がつらい立場にいるケースが多くて、なんとかできたらといつも思っています。

本来なら母親というのは、子どもをそのまま受け止め、どんな子であろうとかわいいに決まっているという態度を、最もはっきり表明できる立場のはずですよね。

それなのに、いまのように情報があふれ返っている状況だと、あちこちから聞こえてくる『こうすべき』『ああしておかないとまずい』といった言葉に惑わされてしまいます」

子どもが生まれたときの初心に立ち戻れ！

「ここはひとつ、目的を持って子どもを見ることを、思い切ってやめてしまうことです。

『受験合格』『成績アップ』『いい子になって』など、目的を持って子どもを見た瞬間、その目的に適っているかどうかという視点でしか子どもを見られなくなってしまいますから。

世の中はどうしても、優劣をつけることをシステムの基本にしているとこ

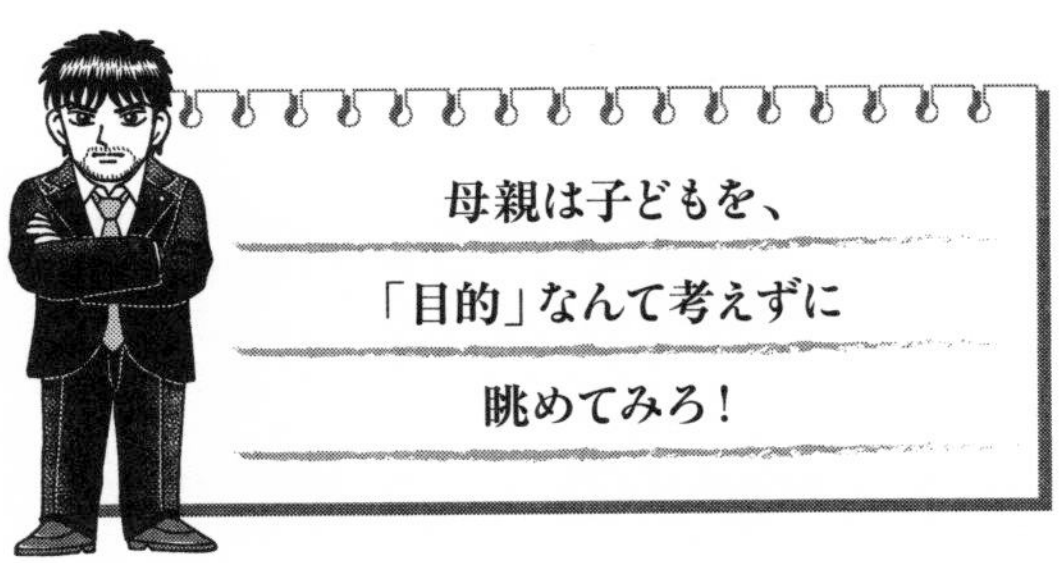
母親は子どもを、
「目的」なんて考えずに
眺めてみろ！

ろがあります。教育もその世の流れに合わせてしまうと、『優』を勝ち取ることばかりに腐心してしまい、わかりやすい数字のみを評価軸に採用しがちです。

僕は教育の現場で、できる限り純粋にその子を見ようとしています。親御さんだって、本来なら子どもをありのままに認めていられたはず。

その子が生まれたころの初心に、親の側が立ち戻ろうとすることが必要なのではないでしょうか」

子どもは自分で自分の力を伸ばしている

「教師の立場にしろ、親の立場にしろ、もうひとつ心がけておきたい点があります。子どもは、僕たち大人が伸ばしてあげているわけじゃありません。自分で自分の力を伸ばしています。

大人ができることなんてあまりない。だから大切なのは、大人は邪魔をしないこと。そうよく肝に銘じておくのがいいと思いますね」

なるほど、ただし子を持つ親の立場からすれば、とにかくできることを何かしてやりたい。そう思うのも心情だ。何かできること、していいことはないか。

「ドラゴン桜」パート１から

そう問うと井本さんは、「声がけ」はどうでしょうと教えてくれた。

「その子がいま何となくできていることを、そのまま言ってあげるのです。それだけでも十分大きい効果があるものですよ。

子どもも大人もそうだと思いますが、何がうれしいって、自分をジャッジされたりせず、そこにいるだけで喜んでもらえるのが一番ではないですか。だから、大人は子どもに、何かを教えようとしないほうがいい。そうすれば、どの方向に行くかはわからないけれど、子どもは勝手に伸びていく。

だって考えてみれば、ていねいに教えるという行為は、子どもからしてみれば、自分のできていないことをずっと指摘され、直され続けている状態。

これは大人だって、自分のできないことばかりに焦点を当てて懇々と諭されたら、息苦しくてイヤじゃないですか？

逃げ出すかごまかすか、考えるのをやめてしまうかになってしまいます」

子への興味・関心を伝えることが大事

「子どもには教え過ぎるのではなくて、できていることについてただ、声がけをすればいいのです。

たとえば、子どもが自分の名前を書いていたとする。『自分の名前なんて書けて当たり前。早くその先の問題を解きなさい！』などと言うのではいけません。

それよりも、『あ、名前書いたね』『大きい字だね』『こっちは小さい字になったね』などと言う。字が大き過ぎるんじゃないの？といった大人の側のジャッジをまじえずに、です。

口に出して相手の行為をなぞる。それはこちらの興味・関心があるということをちゃんと示します。言われた側からすれば、言葉にして言ってもらうことで、自分の行為に意識的になれます。

自分が何かをしていること、それが他者に関心を持ってもらえているし、共感を得られている。声をかけてあげるだけで、子どもは共にいてくれる人の存在をしっかりと実感できるのです。

一人ひとりが、かけがえのない存在である。そのことさえ伝えられたら、教育というものは成功と言っていいんじゃないでしょうか」

できていることを
そのまま「声がけ」すると
子は伸びるんだ！

そんな世の中で
親以外に誰が
子どもの努力を
認めてあげられるでしょう
せめて親だけは
「結果はどうでもいい
その努力が尊いんだ」と
思ってあげる…
「子どもの頑張りは
決して無駄にならない
将来必ず何らかの形で
実を結ぶはずだ…」と
固く信じることが大事です

「ドラゴン桜」パート１から

Q 学びの本質って何だと思いますか?

A 学びの本質とは「自学自習」「自由」です。

生きているのに学ばない、ということは不可能なことです。いまあなたがここにいるのは、生まれてからずっと、たくさんのことを「気づかぬうちに」「自分で」学び取ってきたからです。そうやって「私」を形づくってきたとも言えるかもしれません。

「正しい」というためにはその前提を必要とします。逆に言えば、前提が変われば「正しい」も変わるということです。「正しい」とは脆いものです。

「私」はどう考えるのか、そして「あなた」はどう考えるのか。おたがいの視点を知り、ものを新しい視点で見直すことで、人は「当たり前」、つまり、「自分から」解放されます。そして、さらに自由自在な深い学びをすることになるでしょう。

井本陽久さんがすすめる1冊!

僕が影響を受けた本はあるのですが、おすすめかというと、それは嘘になってしまうので、辞退させていただきます。

子どもたちにとって大事なのは、本を読んでわかったつもりになることよりも、目の前に落ちてきたものを全部拾って、自分の思うようにやっていくことです。そうしていると、出合うべき本が出てくるので、しかるべきときに出合うと思っています。

3時間目

「学ぶ」ってどういうこと？

哲学者、批評家、作家
千葉雅也

ミネルバ大学4年生
日原 翔

筋トレ&アーティストモードでルネサンス的教養をつけろ！

哲学者、批評家、作家

千葉雅也

千葉雅也
1978年、栃木県生まれ。哲学者、批評家、作家。立命館大学大学院先端総合学術研究科教授。東京大学教養学部卒業後、フランス留学などを経て、東京大学大学院総合文化研究科超域文化科学専攻表象文化論コース博士課程修了。主な著書に、『意味がない無意味』(河出書房新社)、『アメリカ紀行』(文藝春秋)などがある。初の小説『デッドライン』(新潮社)は、第41回野間文芸新人賞を受賞する。

仮にもこれから「学び」の世界に入っていこうとする子どもやその親なら、いまの「知」の世界で最先端を走っている人たちのことくらい、常にチェックしておいて当然だぞ。

ではお前なら最注目の言論人としてだれを挙げるのかって？　立命館大学大学院教授の千葉雅也さんだろうな。

2013年に『動きすぎてはいけない　ジル・ドゥルーズと生成変化の哲学』(河出書房新社)を刊行して以来、続々と著作をものしてきた。

17年には勉強の意味や意義、方法について説き明かした『勉強の哲学　来たるべきバカのために』（文藝春秋）が大いに話題を呼んだ。19年には小説デビュー作となる『デッドライン』を発表し、芥川賞候補作ともなったのは記憶に新しいな。

小中学生はどう「学び」と向き合えばいい？

そんな千葉さんに、小中学生がどう「学び」と向き合えばいいかを聞いた。

「小中学生にまず伝えたいのは、そりゃ勉強はイヤかもしれない、『何の役に立つの？』と言いたくなるかもしれないけれど、とにかく勉強はやっておいたほうがいいですよということ。それだけは確かです。

理由は？　意味は？　根拠は？　そう問いたくなる気持ちもわからなくはない。

でもここではあえて、しのごの言わず勉強しろ！と言っておきたい。そうすれば、あとあとの人生に必ず効いてきますから。

ティーンエイジのころは、ある程度はほかのやりたいことをぐっと我慢して、イヤイヤでも何でも勉強を重ねるべきだ。僕自身はそうしてきたし、それでよかったと思っているから言うのです」

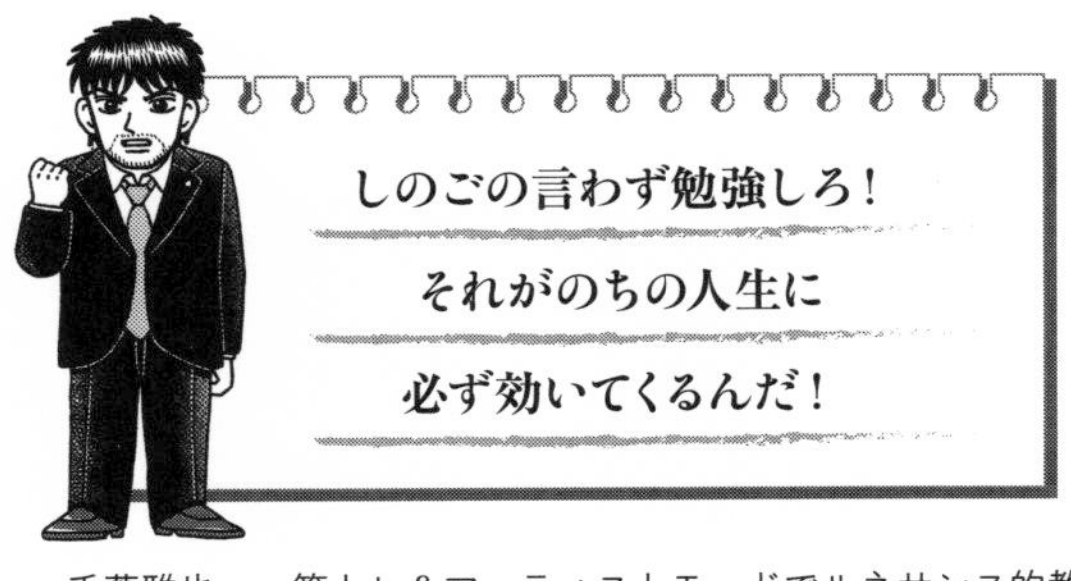
しのごの言わず勉強しろ！
それがのちの人生に
必ず効いてくるんだ！

確かに、ツベコベ言わずにやれ！　こちらの言うように勉強をして、とにかく東大へ行け！というのは桜木建二の流儀と同じだ。

ただ、そう断言するたび、必ず疑問が差し挟まれるのだ。

我慢して勉強をすることによって、自分がどうなるのか、どう変われるのか、どんなことを得られるのか……、と。これにはどう答えるといいのだろうか。

まずは地道な基礎勉強を大事にせよ！

「多大な情報が渦巻いているいまという時代に、どうしたって必要となる『知的体力』を養うには、子どものころに基礎的勉強をしておくのが必須だからですよ。

　これからの世の中はますます、さまざまな知識と分析力が求められるようになるわけで、その中で生きていくには基本的な知識や記憶力、情報処理力を身につけなければどうしようもありません。

　このところ教育の世界ではアクティブラーニングなどという言葉が出てきていて、自由な発想だとか協働する力といったものが重んじられようとしていますね。

僕の『勉強の哲学』でも勉強を通して、常識に疑問を持って別の角度からものごとを見ることをすすめています。

もちろん親御さんには、そういうところを見据えて子どもを育ててほしいし、自律した人間になるための能力を伸ばしていってあげたい。でも同時に、というか先んじて、やるべきことがある。基本的な内容を反復練習して詰め込むことです。

たとえば、ピアノを使って何らかの表現をしたいと思ったら、まずは運指などの基礎を延々と繰り返し練習するしかないでしょう。伝統技能に携わる職人は、弟子入りしたらしばらくはひたすら熟練者の真似をして技を盗む。学校で教わる教科だってすべて同じです。

小中学生のうちの大半は、日本語の書き言葉はこういうものだとか、数学の証明とはこうするのだといったことを、いちいち疑問を抱いて立ち止まるより先に、習熟して覚え込むしかありません。それを経たうえで、高度な疑問を持つことに意味のある段階がやってくるのです」

発想力……を身につけるのは基礎勉強のあと！

発想力、創造性、考え抜く力……。昨今唱えられている学習の目標に行き着く前に、まずは地道な基礎勉強をしろ！　すべてはそれを済ませてからだというわけだ。このところは、「単なる暗記なんてもう古い」といった論を耳にすることも増えているのだが、詰め込みで本当にいいのだろうか……？

「まずは詰め込みでけっこうですし、暗記は非常に大事ですよ。手が真っ黒になるまで漢字を紙に何度も書いて覚えたり、計算問題をいっぱいやって無理やりにでも基本的なことを覚えたりしない限り、日本語で高度な表現をするなり、論理的思考をするなりといったことも困難に決まっています。言ってみれば『筋トレ』のようなことは、知的な作業においても、避けては通れないんですよ。

僕は日ごろ、大学院で学生に論文の書き方を教えていますが、文章の書き方の基本から教えることが多いものです。『この文章は言いたいことを詰め込み過ぎ』などと。大学院生といえど、書き方の基礎が身についていなければ、まずは規範的に教えていくしかありません。そのうえで、のことですよ。ものを考える自由度を広げていくのは」

「ドラゴン桜」パート1から

学力は「型」と「脱構築」の2本柱から成る

「僕は小説も書いていて、その立場からは『文章はこう書くべきだという規範を無視して、身体から染み出てくるような文章を書く、それが新しい小説の文体をつくり出すには大切だ』といった発言もしています。
ただ、それは文章を書き慣れていないうちにいきなり試みたって難しい。
まずは日本語の文章の『型』を知り、それを身につける。そこから型を超えて脱構築するというプロセスは、どうしたって必要です」

ものごとが上達したり学びが進んでいったりするには、2本の柱が不可欠ということのようだ。筋トレ的な基礎練習を黙々とすること、そして、より自由かつ創造的な発想で考えるということ。

どちらもあって、高みに到達できるのだ。

「そう、僕の知る限り、ちゃんと勉強してきて知的な成果を挙げている人は、もれなく2本の柱、言わば『筋トレモード』と『アーティストモード』の両方をきちんとこなしてきています。

「筋トレモード」と
「アーティストモード」。
ふたつの勉強法を用いよ！

勉強やものごとの習熟に近道なんてない、それが真理ですよ」

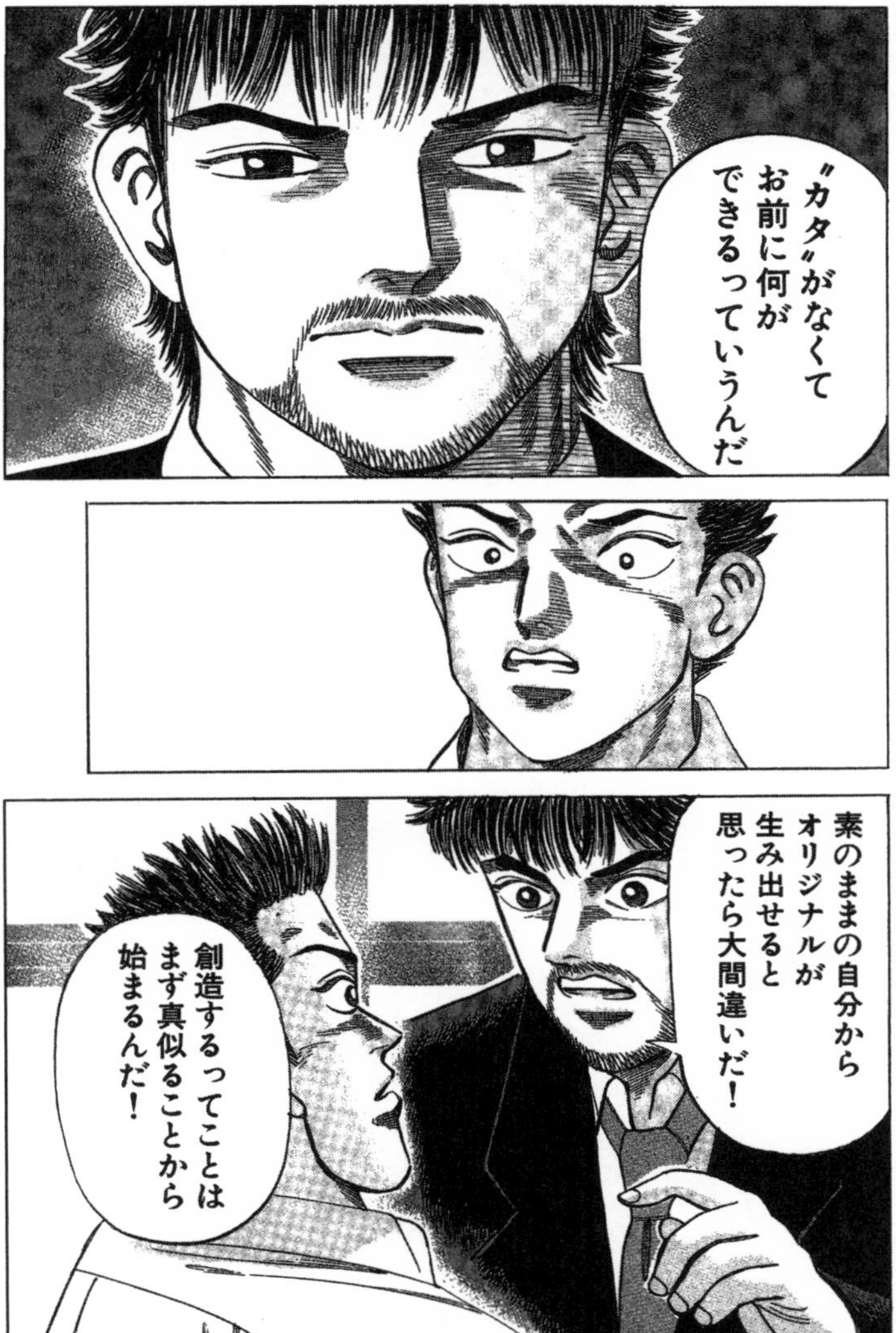
"カタ"がなくて お前に何が できるっていうんだ
素のままの自分から オリジナルが 生み出せると 思ったら大間違いだ!
創造するってことは まず真似ることから 始まるんだ!

「ドラゴン桜」パート１から

勉強に対するメタ認知が「勉強上手」を育てる

勉強には「筋トレモード」と「アーティストモード」があり、どちらも欠かせないことはわかった。

この知見を、実際に自分の勉強に当てはめ活用するには、どうしたらいいだろう。

「まずは自分の勉強のしかたについて、ちゃんと意識を向けましょう。

自分の勉強のしかたを常に考え、改善しながら進めていく。それを続けていると、勉強すること自体がうまくなっていきます。

自分の勉強ってどうだろう。正しく進んでいるだろうか。やり方はうまくなっているだろうか。

そう自分でチェックできる。つまりは勉強に対するメタ認知を持てるかどうかがポイントです」

継続するほど勉強自体が「うまくなる」ということなのだな。

しかし、だ。そもそも子どもに勉強を継続させることが難しい、それができたら苦労はないのだが……という悩みも親の側から聞こえてきそうだ。子どもの意識を勉強に向ける方策はないものか。

親の学ぶ姿勢が子にも伝播する

「ありますよ。子どもが勉強するようになるには、親が勉強していればいい。その姿を子に見せること、それが第一歩ですし、何より効果的です。

親が日々の生活の中で、よく本を読んでいたり、クリエイティブで批評的な会話をしたりしていれば、その習慣や態度は子に伝播します。親のふるまいがいつも文化的香りを発していて、子どもとの日常会話も文化的なものであれば、子も同じようになるでしょう。

親がそうした習慣や態度を持たないのに、子どもには勉強ができるようになってほしい、『知』の世界で高みに上ってほしいというのは無理な話ですし、どこか勘違いしている気がしませんか」

言われてみればその通り。では親が文化的な雰囲気をまとうには、どうしたらいいのか。

「本を読むことです。少なくとも家に本棚を置き、本を並べることです。何もそれらすべてを読まなくたっていいんですよ。パラパラと拾い読みするだけでも、もしくは読まずに置いておくだけの『積ん読』でもいい。本というのはそこにあるだけで、知のオーラを発して場に影響を与えてくれますから。

この世には容易ならざる文化があるということを、本というブツによって迫力を持って示す必要があります。歴史や文化というのは簡単なものじゃないんだぞと、その奥深さを垣間見させる効果が、本には確実にあるんですよ」

子どもがこれから入っていく「知の世界」はこんなに広いんだと、本によって知らしめるわけだ。

学びへの畏敬は、家庭環境を整えることで養うことができるのだ。

家庭の価値観が将来、子どもの判断基準になる

ただ巷には、親が子に過剰な押しつけをするべきじゃないという意見もある。

そのあたりはどう考えたらいいだろう。

勉強させたいなら
親が本を読め！
文化的な雰囲気を醸し出せ！

「うちはこうなんだと、それぞれの家庭は価値観を子どもに押しつけたっていいと思いますよ。いえ、ある程度までは押しつけをするべきでしょう。そうじゃないと、子どもはいつまで経っても自分の『核』を持つことができない。どんな家庭だって、子どもが欲しがるおもちゃを全部買ってあげたりはしないでしょう。おもちゃに限らず、これはダメ、あれはいいという何かしらの判断基準が、各家庭にはあるはず。それは明確に示したほうがいい。

家庭で半ば押しつけられた判断基準が、子どもにとってはものごとを肯定または否定する『原器』になります。自分の中に確固たる基準がない子は、非常に不安定になる恐れがありますよ。

まずは各家庭で子に原器を持たせる。大きくなってからそれをどこまで活用するかは、子どもに委ねればいいのですが、まずは家庭教育で子どもにとって多少のトラウマが生じることは必要です。

それがあって初めて、その子どもの人生に意味が生じてくるのです。

どの家庭の価値観だって、言ってみれば偏ったものです。

その偏りを承知のうえで、子どもに『うちの原器』をインストールするのが、親の役割と言えるでしょう」

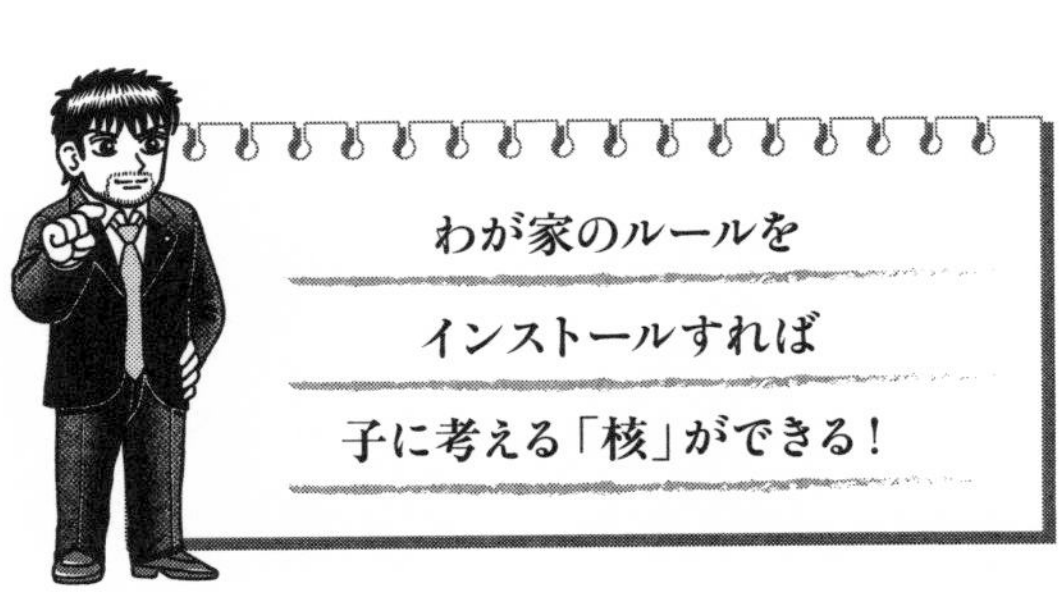
わが家のルールを
インストールすれば
子に考える「核」ができる!

芸術に偏重した価値基準が哲学との出合いに

千葉さん自身も、子ども時代に「偏った原器」をインストールするところから学びをスタートさせた？

「そうですよ。僕は小さいころから絵を描くことが好きだったこともあって、芸術方面に偏重した価値基準を持つことを、家で認めてもらって育ちました。早いうちからピアノを習わせてもらったりですとか。それがのちに、学校教育へたまたまうまく接続されました。

高校のとき美術の先生が、哲学的な授業を展開してくれていたんです。美術教育を通して人間の知覚や概念を問い直すような内容で、すごく興味が湧いた。

浅田彰、バタイユ、ボードリヤールといった名が続々と出てくる授業だったから、批評的な発想や知識は美術を通して学ぶことができた。

そういう方面の理解が進むと、現代国語や英語の読解も連動してけっこうできるようになるんですよ。

受験の出題なんかを見ても、国語や英語で採用されるのは現代の文化批評的なものが多いでしょう？　教養が身についていさえすれば、それで受験ってかなりの部分がカバーできるものです」

主要教科、学校以外の知も思考力の原動力に

小さいころから芸術分野での素養を蓄え、それが哲学・思想へと接続していったという千葉さんの「知の遍歴」は示唆的だ。

小中学生のころから芸術や思想など、いわゆる主要教科が直接カバーするのではない分野の知に触れるのは、意義深いことなのか？

「当然必要だと思います。

いろいろなことに疑問を持ったり、学校の授業とは別の知識を持っていたりすることは、積もり積もって勉強の原動力になりますから。

何も体系立てて学ばなくたっていい。いろいろな断片的な知識を持っていれば、そこから思考力は起動します。思考が何もないゼロから生まれるということはありません。

想像力と呼ばれるものだって同じですよ。想像する力とは、もともとあるものを変形させることです。

だから想像力豊かな子どもを育てるには、想像のもとになる材料を提供してやることと、変形のしかたを教えることが必要なんです」

思考の正体は自身の体験を丁寧に言語化すること

「そのあたりは家庭で与えることができますね。親が何か工作をしたり、植物を育てたり。または料理をする、旅行のプランを立てる、でもいいですが、ものごとをていねいにつくっていく営みを日常にごくふつうに組み込めるといい。

加えて、その体験をきちんと言語化することです。料理をつくったら、こうするとおいしいよねというようなことを言葉にして話し合う。

言葉を使ってものをていねいに捉えていくというのが思考の正体であって、勉強と呼ばれるものだって同じ構造でできています。

これはどういう問題で、何が問われているのか、解法はどれがふさわしいかと、与えられたものごとに対しててていねいに向き合い言葉にしていくわけですから」

そうか、日常からていねいにものごとを見ていくことが、深い学びへとつながっていくのだ。自分の手を動かしながら、広い領域に関心を注ぐ日常が、学びを促進するのである。

そうした精神のありよう、どこかで見聞きしたことがあるような気もするのだが……。

「おそらくはルネサンス時代の思想でしょう。

14〜16世紀の欧州で起きた文化潮流たるルネサンスは、人間復興という旗印のもと、手仕事を重視しながら領域横断的な知が尊ばれました。これからの時代に求められるのはこのルネサンス的な教養になっていくでしょう。

ですから、勉強する子を育てたいと思うなら、家庭にルネサンス的教養の要素と雰囲気を持ち込むのがいいのですよ」

ルネサンス時代の
思想・教養・雰囲気を
家庭に持ち込め！

と言います　と……
当然のことだが　学力は生まれつきの　知能だけで決まる　わけではない
成長期における　トレーニングの　質と量が　大きくかかわって　いる
トレーニングの　質と量……
特別なもので　ある必要はない　日常生活で　充分実行できる
そのひとつは　ズバリ
母親　父親との　コミュニケーション　だ

「ドラゴン桜」パート１から

Q 学びの本質って何だと思いますか?

A これは『勉強の哲学』で書いたことですが、学ぶ、勉強するというのは、自分に新しい道具とか武器としての知識をくっつけることではなく、自分自身が深いレベルで変わっていくことだと思うのです。そして、自分自身というのは一人で存在しているものではありません。周りの人たちや環境や社会との関係の中で存在している。自分は、自分と「他者」の関係の中にある。この観点から言って、学びの本質とは、自分と他者の関係を新たなものにしていくことだと、僕は思います。

千葉雅也さんがすすめる1冊!

「勉強の哲学　来たるべきバカのために 増補版」
千葉雅也
(文春文庫)

ぜひ読んでいただきたい僕の本です。「勉強とは自己破壊である」というちょっと強いフレーズを掲げているんですが、言いたいことは、同じ自分のままにとどまっているのでは深い勉強とは言えない、勉強を深めていくならば必ず自分が変わっていくはずだということ。変身のプロセスとして勉強を説明しているのです。アイロニーやユーモアといった概念を使って、若い人にも、またすでに仕事をしている人にも役に立つような勉強法を説明しています。

ミネルバ生は日々、好奇心をエンジンにして学び方を学んでいる！

ミネルバ大学4年生
日原 翔

日原翔
1998年、埼玉県生まれ。世界最難関ともいわれるミネルバ大学（Minerva Schools at KGI）の4年生。聖光学院高等学校を中退して、経団連の奨学金制度でカナダのPearson College UWCに2年間留学したあと、2017年9月にミネルバ大学に進学。ソフトバンクの孫正義氏が未来を創る人材の才能の開花をサポートする目的で設立した孫正義育英財団の一期生にも選出されている。趣味はフリースタイルダンス。

「ミネルバ」。ローマ神話に出てくる知恵の女神の名を冠した大学のこと、聞いたことがあるだろうか？

全寮制なのだが、どこか決まった場所にキャンパスがあるわけじゃない。

在学する4年間のあいだ、世界7都市（アメリカ・サンフランシスコ、韓国・ソウル、インド・ハイデラバード、ドイツ・ベルリン、アルゼンチン・ブエノスアイレス、イギリス・ロンドン、台湾・台北）を転々としながら、基本的にオンライン上で講義を進めながら学んでいくという、ユニークなことこの上ない4年制（学部課程）の大学だ。

入学試験もオンラインでおこなわれる。全校生徒は約600人、日本人は7人在籍しているという。

学費は、奨学金などを受けずに全額払うとしたら、寮費込みで1年間約300万円程度だという。

21世紀になってから誕生した新しい大学だというのに、世界中から常時2万人以上の受験者を集め、合格者の中にはハーバード大学やケンブリッジ大学を蹴って進学する例も多々ある。

すでに超難関大学となっているのだ。

ここで初の日本人学生となったのは、現在4年次で学ぶ日原翔さんだ。

いつも「東大へ行け！」と唱えてきた俺からしても、日原さんの選択には大いに興味をそそられる。ご本人の思想と学生生活の様子を聞いてきたぞ。

ハーバード大より難関!? 主体性重視のミネルバ大

「自分にはミネルバで学ぶことはすごく合っていると思いますし、とにかく毎日が楽しい。よき学びのシステムがここにはあると感じていますよ」

そう話す日原さんは、現在の生活にたいへん満足している様子だ。ミネルバは、どんなところがすごいと実感しているのだろうか。

「そうですね、パッと思いつくだけでもいくつかあります。

一つには、日本の教育機関とはまったく違う学びの内容と方法です。

ミネルバではすべて学生の主体性が前提となります。ですから基本的に、授業が始まるときにはその内容について、学生は勉強を終えている。その知見を使って、90分の授業のあいだはひたすら討論するかたちです。

高校時代までに僕が体験した日本の学校では、授業中に話すということがほとんどありませんでした。ただ座っているだけというのが、僕にはけっこうつらかったし、それだと学ぶ内容もなかなか身につかないという気がしていました。

いまのミネルバのスタイルのほうが、学んでいる実感は強く持つことができますね」

昨今、日本でも導入が唱えられている「アクティブラーニング」がごく自然におこなわれているということだな。

ただ、そういう授業が成立するには、学生に主体性が備わっているのが前提だ。

これを日原さんはいつ、どうやって身につけたのだろうか。

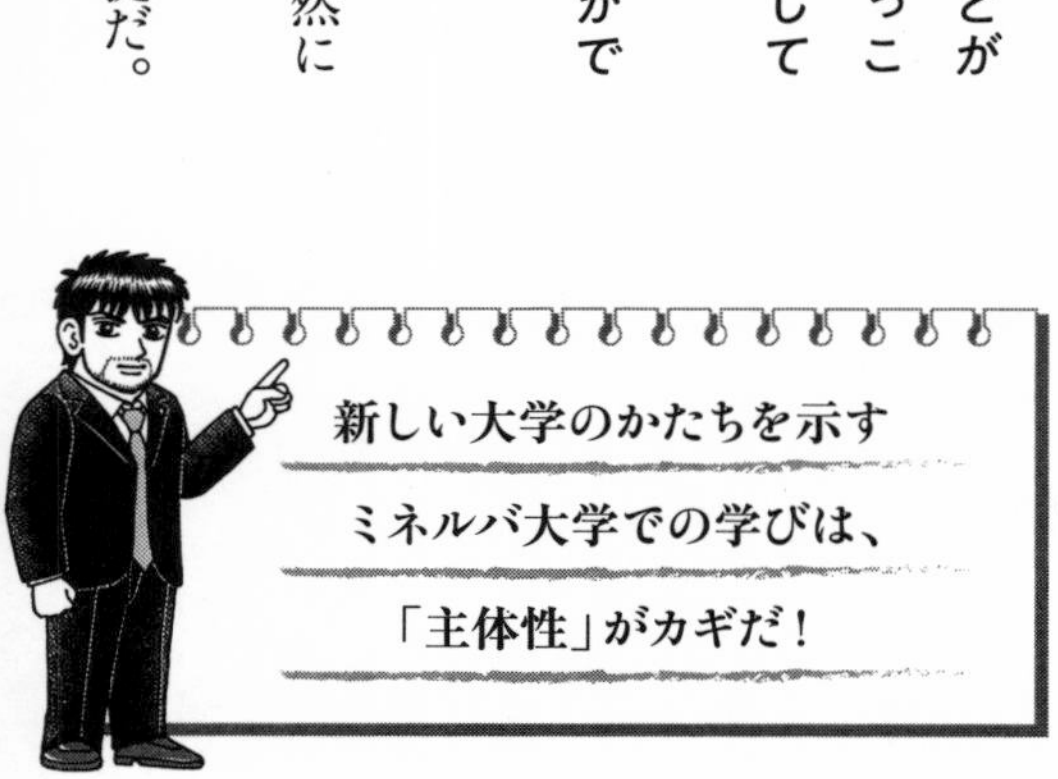
新しい大学のかたちを示す
ミネルバ大学での学びは、
「主体性」がカギだ！

友人の影響で高校を中退、カナダの学校へ

「特別に小さいころから主体的な人間だったということはありません。転換点があったとすれば、神奈川県の聖光学院に通っていた高校2年のときです。

友だちがあるとき『今回の定期試験は頑張る』と宣言して、実際にいい結果を出しました。それを側で見ていて、置いていかれた気分になりました。

友だちはやることを自分で決めて、きちんと実行した。そういうこと、自分もできるんだろうか。何をしたらいいんだろう? そのときをきっかけに、真剣に考えるようになりました。

僕は小学6年生まで海外で暮らしていて、帰国してから日本の教育にちょっと苦労している面もあったので、また海外に出るのはどうだろうと考えた。

それでまずカナダの学校に行き、そこでミネルバと出合いました。ミネルバでは主体的に取り組まなければ何も始まりません。そういう環境に身を置いていることで、ものごとを主体的にとらえる態度が身についたんだと思います」

学生がもがいてこそ、知識が定着する

ミネルバ大学で学ぶうちに、主体性が自然に身についていったのだという。

「環境に大きく左右されるのが人間という社会的な生きものの特性ですからね。まずは思い切ってジャンプし、いいと思える環境に飛び込んでしまうことが大事でしょう」

主体性が磨かれるミネルバでの学習とは、具体的にはどういうものなのか。

「どの授業でも、教授が何らかの答えを教えるということはまったくありません。彼らはファシリテーターに徹していて、どうすれば生徒が答えにたどり着けるかを考えて適宜質問を投げかけてくるだけ。

最後に答えを出すのは学生じゃないといけないということが徹底されています。

日本の授業でよく見られるような、先生が順序立てて考えの筋道から答えまでを教えてくれる形式のほうが、効率がよくてインプットも多いようにも

思えるかもしれません。実際のところ僕も、知識を学んでいる実感みたいなものは日本にいたときのほうが強かった気もします。

ただ、そうやってインプットした知識は、数日後にはすっかり忘れてしまっているというのも同時に経験しました。

討論ベースのいまの授業は、確かにモヤモヤが残ることもあります。答えが明確に出ないことばかりですし、この時間に何をインプットできたのかはっきり示せないこともありますから。

でも、議論をするために脳をフル回転させながら授業時間を過ごすので、数週間後に同じ問題を応用させる課題に取り組んだときなどでも、意外なほど以前の内容をしっかり覚えているんですね。

ひょっとすると、本当に何かを学べているとき、人はその場では実感がないものなのかもしれません」

世界中から集まる学友がいい刺激を与えてくれる

日原さんが実感しているミネルバのメリットは、ほかにもある。

「そこに集っている人の存在も大きいですね。ミネルバの学生は本当に多様

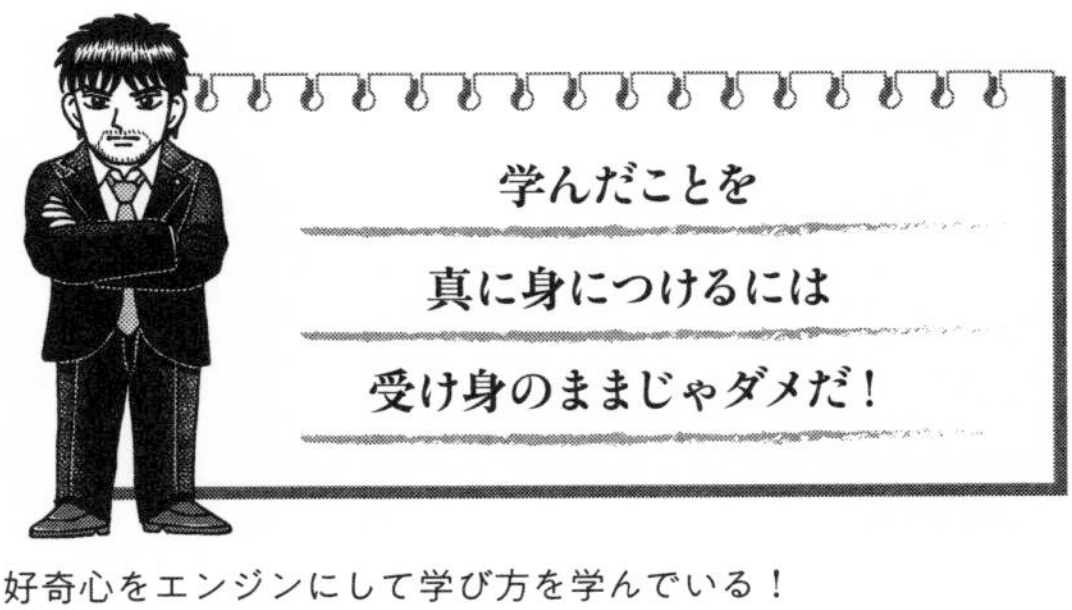
学んだことを
真に身につけるには
受け身のままじゃダメだ！

です。

国籍や年齢といった表面的な違いもあるし、考えていることや興味の対象、これまでの歩みも本当にさまざまで、みんな深いストーリーを持っているんです。

たとえばブラジル人の友だちは24歳で、ミネルバが3つ目の大学だそうです。最初の大学ではうまくいかず、次に行った工業大では物理とか数学を楽しく学んだけれど、卒業までいるほど充実感がなかったのでミネルバに移ったといいます。

ビジネスに関心があって実際に自分の会社を持っている人もいるし、書くことが好きで作家活動をしている人もいる。絵が好きで個展を開いている人も。

そういう人たちに囲まれて過ごしていると自分の興味も広がって、日々新しい学びや視点が得られて、世の中が鮮やかに見えてきますよ」

人と違うオリジナルを構築していくが真の学び

世界中からミネルバに集う多様な人たちの話を聞くにつけ、「やはりそういう大学に行くのは『特別』な人なのか」と思ってしまうが、日原さんは「そうは思いませんよ」と言う。

「だれだって自分に固有の人生を送っているはずですよね。ユニークなことをしている人に見えるかどうかは、自分が人と違うオリジナルであることを自覚しているかどうかの差でしかないと思います。

日本の社会では、人と違うことがあまりポジティブに受け止められないところもあるので、つい目立たないようにしてしまうのかもしれませんけれど。

自分は世の中に一人しかいない特別な存在で、自分にしかできないことがどこかにきっとあると、信じることが大事なのだと思います。

これは世界中の約77億人、だれにでもいえること。僕自身のことを考えてみても、僕の関心や能力、性格といった要素の一つひとつを見れば、だれよりも優れているものなんて何もないし、僕だけが持っているものなんてありません。

でも、それらの要素の組み合わせ方はきっと僕だけの固有のものだろうし、そこに僕がいる意味や価値はあるんじゃないでしょうか。自分なりの要素の組み合わせをどんどん築き上げていく、それが学びを重ねるということなのかなと思います」

ミネルバ大の1年次はものごとの学び方を学ぶ

さらには、4年間に7都市に滞在するというしくみや、授業のカリキュラムも、ミネルバのよさだと強く感じている。

「いろいろな場所へ行くと、それぞれがユニークだと実感します。そこに住んでいる人のパーソナリティや風土がまったく違うことに気づけておもしろいです。

　カリキュラムは、1年次がとくに特徴的で、学び方を徹底して学ぶんです。具体的なケーススタディは排除して、抽象的な概念や方法論のみをやるので、最初は歯がゆかったものです。抽象的過ぎて、何を学んでいるのかよくわからなかったのです。

　ただ、ふりかえって考えるとそれがよかった。ものごとについて考えたり話したりするときのふるまい方を身につけるということですから、それはいったん徹底して覚え込まないといけないものです。たとえば『相関』と『因果』を混同してはいけないだとか。

　現実的なことにあえて踏み込まない方法によって、概念がしっかりと僕の

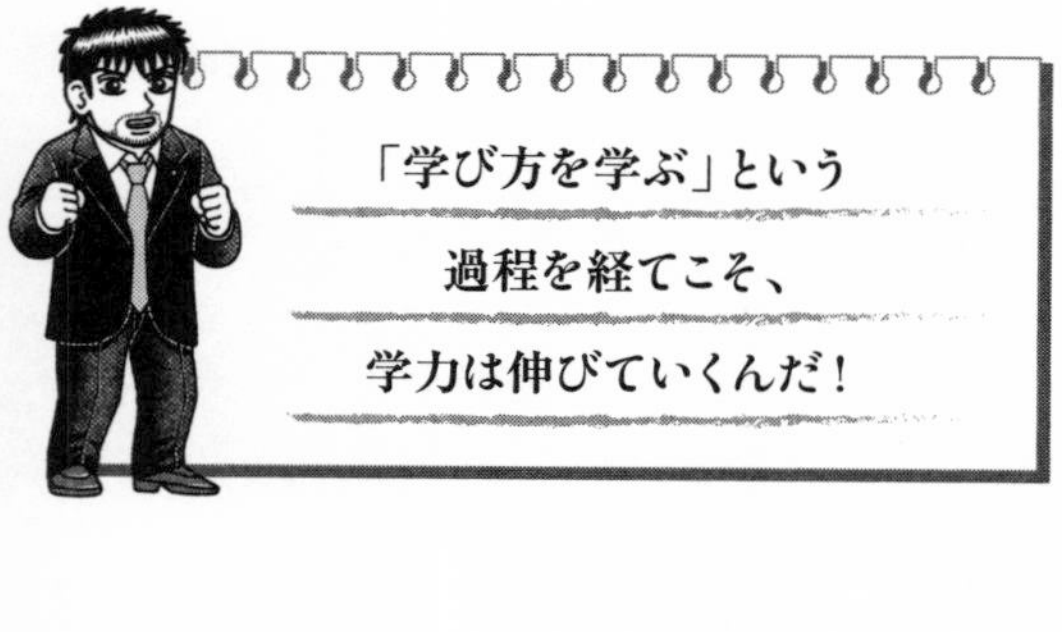
「学び方を学ぶ」という
過程を経てこそ、
学力は伸びていくんだ！

なかに植えつけられました。ミネルバは学びについての科学的な知見を重視して、自分たちの進むべき道を決めています。

それはだれも知らない知見ということではなく、オープンになっているものです。ミネルバがオリジナルに発見したわけではないけれど、実際に実行しているところはほかにまずないわけで、その実行力がミネルバのよさと強みなのだろうと思います」

主体性を重視する環境は、競争とは無縁

日原さんのミネルバでの日々は、オリジナルかつ有意義なもののようだが、すべてのことが受け身ではいられないこともあって、決して楽ではなさそうだ。

「そうですね、なかなかハードな毎日です。授業はすべて英語で、1コマ90分の授業が1日に2コマ、午前中にしかありませんけれど、授業に出るためには事前に授業時間の少なくとも2倍の準備時間が必要です。

授業が終わればレポートを書く課題があることも多いですし、せっかく滞在している街を見て回る時間も欲しい。食事も自炊なので、食材を買いに行くなど生活面での自立も求められます」

いくら時間があっても足りなさそうだ。ハードな生活を維持するにあたって支えになっているのは何だろうか。

「やらされているのではなく、好きでやっているからできるんでしょうね。クラスメートも頑張り屋が多いですよ。他者と競っている感じはなくて、みんな協調し助け合っています。

思うんですけど、主体性がある人にとっては競争というモチベーションはいらないんじゃないでしょうか。競争ベースとは別の原理で動く世の中のほうが理想的だなと思います」

学んだ知識を世の中にどう生かすかが問われている

1年次のカリキュラムは「学び方を学ぶ」ことが徹底されているとのことだったが、2年次以降はどうなるのだろう。

「通常の授業がおこなわれます。2年の前期に僕が取ったのは、物理学と数学、政治学など。

世界を巡って
ハードに学ぶ日々が
自律した人格を育むのだ！

ただし形態としてはやはり、内容は事前に文献を読むなどしてインプットしておいて、授業の90分は討論するというものです。ミネルバの方針としては、知識を世の中にどう生かしていくかが重視されます。僕も個人的に、学んだことは社会に還元したいという気持ちが強いので、そこは合致していますね。

3〜4年次になると自分の学びたいコースを丸ごとデザインするようになります。自分の進む道としては、科学やテクノロジーを人のために使いたいと思っているので、そのために学ぶべきことをこれから絞り込んでいきたいです。

ミネルバ大学は教養大学なので、科学やテクノロジーに関する研究をさらに掘り下げたくなったら、専門的に学べる大学へ進む選択肢もあるかもしれません。

将来の進路は、まだそれほどかっちりと決まっていなくて、ぼんやりとしています。でも、それでいいのかなと自分としては考えています。自分の強みはそれほどすぐわかるものでもなくて、わからないなりに手当たり次第やってみるところから浮かび上がってくるだろうと思うので。

本人もよくわからないまま何かをやってきた積み重ねの中から、確固たるものが見えてくるだろうと期待しています」

学力よりも「好奇心」がいい学びにつながる

日原さんはミネルバという場を得て、本人にとって「いい学び」を積み重ねているようだな。

ここで疑問に思うのは、そういうことができるのは、もともとしっかりとした学力の土台があるからではないのだろうか。好きなことをするにも、まずは基礎学力が相当に必要なのではないか。

「どうでしょう、僕はいわゆる学力なんて、あまり必要ないと思います。日本にいたときは自分も教科によっては追加講習を受けなければいけないような生徒でしたし。

学力よりも、いま生きているのは好奇心ですね。小さいころからいつだって『なんで？ なんで？』と聞いているタイプでした。あまりにも両親に質問ばかりするので、5歳か6歳のときの誕生日プレゼントに百科事典をあてがわれました。疑問に思うことがあったら、まずはこれで調べてみて、それでもわからなかったら聞いて、と言われたんです。

新しいことやものごとのしくみを知ると、少し大人になった気分でした。

何かを知ると、その先にまた次の知りたいことが浮かんでくるのも楽しかった。いまも変わらず、何かを知ることへの好奇心は強いほうだと思います。それが僕の財産だし、いまの生活を支える原動力かなと感じています。
ミネルバの入学試験でも、『なんで?』と常日頃考えてきたことが役立ちました。僕のときの試験は、覚えた知識を問うものではなく、表現力や数学、創造性、理解力などの複数の思考力を測るものでした。
さらに、出題されたテーマに対して自分の考えを述べるエッセイがありました。僕にとってはさほど難しくなく、A4用紙2枚のエッセイを20分程度で書きましたが、世の中のことに幅広く疑問を持ち、ふだんから自分の考えを意識していないと、難しいテストかもしれません」

小さいころにぜひやっておくべきこと、というのは何かあるだろうか。

「好きなことがあったら、それに夢中になればいいと僕は思います。対象は何でもよくて、何も算数や理科にまつわることじゃなくたって、スポーツやゲームなんかでもかまわないんじゃないですか。楽しんでやればこそ見える世界があるはずですし、いやいやながら何かに取り組んでも、だれも得しないのでは。

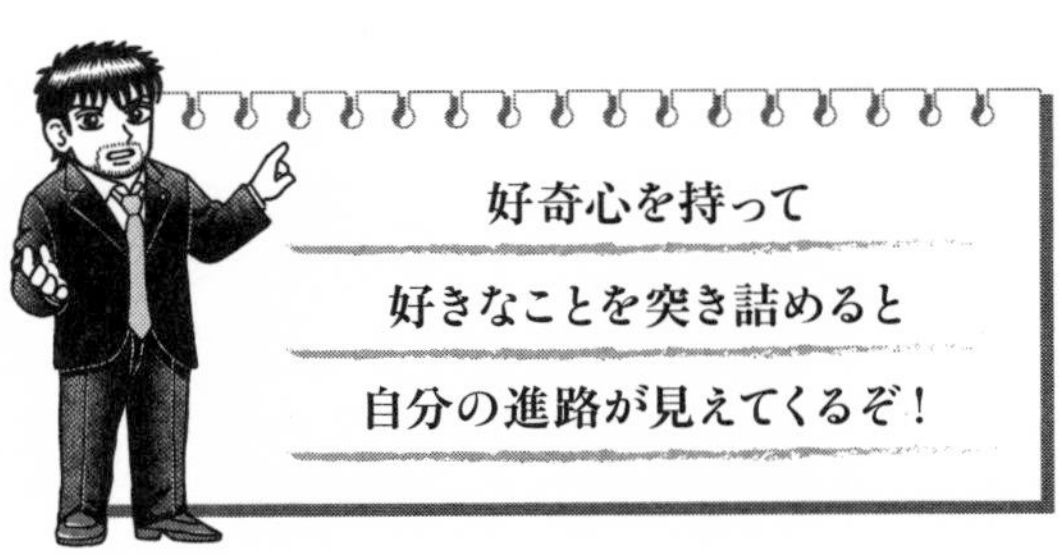
好奇心を持って
好きなことを突き詰めると
自分の進路が見えてくるぞ!

いまのうちから勉強もしっかりやっておかなくちゃ、と大人は思うでしょうけれど、勉強っていつでも始められるし、いつから始めたって遅過ぎるということはないという気がします」

とはいえ、世間的に決められた通りに、この年代ではこれくらいのことができないといけない、学力はこの程度はないと……などと、つい大人としては考えてしまいがちなのだが。

「すでに常識とされている人生のレールに沿うことばかりをよしとするのは、ちょっと危ないのではと思います。すでにあるレールに頼りきってしまうと、レールがなくなったときにどうすればいいかわからなくなってしまいそうじゃないですか。

頼みの綱がそれしかないようでは、逆に心配なのではないですか。いまの日本は経済の停滞や人口減少などなど、不安な要素がたくさんありますよね。そんな状態の社会でよしとされているレールに乗っていて、安心な気分でいられるというのは、ちょっと危機感が足りないのかもしれません。

頼るものをほかにも築いておかないといけないんじゃないかということは、強く思います」

受験で「受かること」より「いま」に全力投球して

なるほど、これから自分の道を踏み出そうとする人へ向けてのアドバイスは？

「いまさに関心のあること、好きなことに打ち込むのが一番じゃないでしょうか。日本の教育制度に浸かっていると、どうしても『将来のため』という考えに縛られてしまいます。

かつては僕もそうで、中学受験がすごくつらかったけれど、そのときは『中学受験すれば高校受験しなくて済むから』と周りに言われました。

でも高校受験はしなくても、結局は大学受験、就職とその先の目的が出てくる。すべてがその先の踏み台になっていて、何も残らない感じがしました。

そうじゃなくて、中学生のときは中学生としてやることに全力を捧げればいいし、高校は大学の準備のためにあるわけじゃない、大学は就職のためにあるわけじゃない。

目的意識を持つのはいいけれど、いまを大切にすることを忘れてはいけないと思います。そうした『いま』の積み重ねによって、自分というものがつくられていくのだと、僕は信じています」

「ドラゴン桜２」から

Q 学びの本質って何だと思いますか?

A 何かを学ぶとき、それまで見えてなかった景色が見えて、視野が広がるじゃないですか。でもそうすると、また新たな疑問や壁にぶつかる。それを工夫と継続で乗り越えていく。また新たな景色が広がる。学べば学ぶほど、世界が広くなるんですよ。世界は広いほどいろいろな楽しさや喜びを見つけられるから、僕にとっての学びというのは生きる喜びを増やすことです。教育改革でも主体性がキーワードの一つとして挙げられていますよね。自分の好奇心や欲求に正直に向き合って、追求する姿勢を社会的にも応援していこうということなのだと思います。

日原翔さんがすすめる1冊!

「アルケミスト
夢を旅した少年」
パウロ・コエーリョ
(角川文庫)

サンティアゴという羊飼いの少年がピラミッドにあるという財宝を目指す旅の話です。王道の物語なのですが、サンティアゴは道中であらゆる決断を迫られます。その決断の一つひとつがすごく響くのです。そうして、自分で道を選びながら歩みを進める彼の姿を見ていると、心の奥にしまってあった生に対する熱量みたいなものが引き出されてきます。すごくストレートに人生の大切なことについて教えてくれる作品です。

4時間目

「人を育てる」とは？

人類学者、霊長類学者
山極壽一
宇宙飛行士
山崎直子

人として成長するために不可欠な対話力を大学までに身につけろ！

人類学者、霊長類学者
山極壽一

山極壽一
1952年、東京都生まれ。人類学者、霊長類学者。京都大学・総長。京都大学理学部卒業後、同大学大学院理学研究科博士後期課程研究指導認定退学。理学博士。日本モンキーセンター・リサーチフェロー、京都大学霊長類研究所・助手、同大学大学院理学研究科・助教授、教授を経て、14年から現職。主な著書に、『「サル化」する人間社会』（集英社）、『京大総長、ゴリラから生き方を学ぶ』（朝日文庫）、『ゴリラからの警告「人間社会、ここがおかしい」』（毎日新聞出版）などがある。

ゴリラ研究の第一人者として知られ、京都大学の総長を務めている山極壽一《やまぎわじゅいち》さんに、お話を伺ってきたぞ。

京大の新入生でさえ、身についていないものとは

ゴリラの生態をつぶさに観察するところから、人類の進化に思いをはせてきた山極さんの目には、毎年大挙して入学する学生はどう映るのか。

これから学問の世界に身を投じようというからには、どんな心構えや能力を備えていてもらいたいと思うだろうか。

「大学生を預かる身からすると、大学に入るまでの初等中等教育でぜひ取り組み、身につけてきてもらいたいのは、『対話する力』と『読解力』のふたつですね。

対話というのは、相手の言いたいことをその場、そのときに応じて直感的に把握して、自分の立ち位置を踏まえながらこちらの考えを伝えていくもの。いわばコミュニケーションの作法です。

一方、読解力とは、文章として書かれたものはもちろん、グラフ、数式など、人間が何かしらのかたちで表現したものを読み解く能力のことをさします」

ふむ、そのふたつの力、どちらも言葉にかかわることがらだし、似たようなものなのでは？　そう思ってしまいそうだが、山極さんに言わせれば、「それらはやっぱり別物なんですよ」とのこと。

「対話というのはその場の対応です。瞬時に身体や言語を運用して相手に自分がどう見えるかを把握しなければならない。とっさの修正力も発揮しながら、たがいの考えを調整して、新たな考えに行き着こうとする共同作業です。

読解力のほうは、相手が目の前にいるわけじゃない。書かれたもの、示されたものに対して自分がどう感応し、かみ砕いていくかが問題となります。

このふたつは、きちんと分けて認識しなければいけません。そのうえで、どちらの力もしっかり養っていく。

大学とは本来、そのふたつの力を一応は身につけて、さあそこから本格的な学問の世界に入っていこうとする場です。

対話力と読解力を活用したり、擦り合わせたりしながら自分を確立していく時期なのですが、現状を言えば、入学時にそこまで準備が整っている学生は少ないんですよね」

対話力が不足で友だちができないと悩む学生たち

準備ができていないことに気づいたのは、入学してきた学生の多くが、共通の悩みを抱えているとわかったからだという。

「それは何かといえば、友だちができない、という相談が学校側に多く寄せ

対話力と読解力、
大学入学までに
このふたつを身につけろ！

られるんです。

ひとりでつらくて長い受験勉強を乗り越えて合格できた。そこまではよかった。それで、大学生になれば友だちがいくらでもできるだろうと思っていた、と。

でも、いざ入ってみると、同級生はたくさんいるのに友だちができない。そもそも友だちをつくる方法がわからない。そう悩んでいる新入生がたくさんいると判明したわけです。

そんなのは自分から相手に近づいて、友だちになろうという意思を表明すればいいのに。自分から動かなければ、だれも気づいてくれませんよ。

これは読解能力は身につけたかもしれないが、対話すなわちコミュニケーション能力が完成していないことの、最たる例ですね」

乳離れが早い人間は対話で社会性を育む

京大に入ってくる新入生に、コミュニケーション能力が足りていない例が多く見られるとのことだが、これは人類学的に見ても由々しき事態だと、山極さんは指摘してくれたぞ。

「私はゴリラの研究をしているのでよくわかるんですが、ゴリラの子どもと比べて人間は、非常に特殊な成長のしかたをします。

人間は離乳期が極端に長いんです。つまり、乳離れを急ぐ傾向にある。ゴリラの子は4歳くらいまで乳を吸っていて、母親と密着して育ちます。対して人間の子は1～2歳で離乳し、母親との密着が早々に断たれてしまう。

そこから先は母親だけでなく、いろいろな人と付き合っていかなくちゃならなくなります。いろいろなかかわりを通して、自分が世界に受け入れられている実感を形成していく必要があるのです。

それが人間特有の社会性というものかもしれない。その際に大切になってくるのが、コミュニケーションです。

自分がどう世界に飛び込んでいってつながりをつくり、世界観や人間観を築いていくか。そこがうまくできないと、自信を持って成長することができません。

つまりコミュニケーション能力は、人が人となっていくためにぜひとも必要な力なのです」

思春期は対話でアイデンティティーを確立

もう少し成長してからも、コミュニケーションが非常に大切となる発達段階がやってくる。

「それは思春期ですね。人間は12歳あたりまでは脳の成長を優先させ、身体の成長が遅れます。12～16歳くらいになると身体にもエネルギーが回るようになり、一気に成長が進みます。この時期に、脳と身体の成長バランスが崩れやすくなり、不安定になってしまう。それが思春期の正体です。

心身が大きく傷つくこともあるこの不安定な時期を、周囲の支えを借りながら乗り越えて、自分が何者なのかをはっきり悟り、自分自身のアイデンティティーを身につけていかないといけません。

そのためには、やはり他者とのコミュニケーションをうまく取っていくことが、必須となりますね」

なるほど、大人への階段をのぼっていく過程で、是が非でもコミュニケーション能力を身につけなければならないのが、人間という生きものの宿命のようだ。

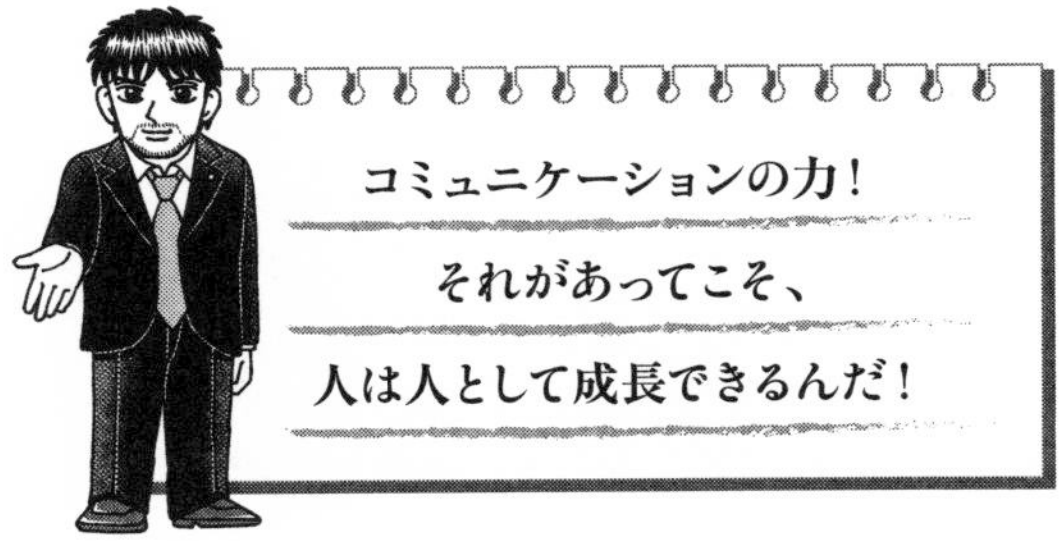
コミュニケーションの力！
それがあってこそ、
人は人として成長できるんだ！

既存の「問い」の答えだけ探していてはダメ！

コミュニケーション力と、生活に則したかたちの読解力。

大学生になるまでにそのふたつを身につけたし、というのが山極さんの言葉だが、これらが大学入試で厳しく問われることはないのが現状だ。

どこで、どうやって、そうした力を養えばいいだろうか？

「いつでもどこでも、だれだってできますよ。自分で問いを立てることを、習慣づければいいのです。

既存の問いに従って、その答えを見つけるのが学校での勉強の大半で、そういう基礎力もなくては困りますが、それだけじゃ足りないのも事実。

どんなジャンルのことでもいいので独自の問いを立てて、仲間とその問いを共有しながら、正しい答えをみずから見つけようとする。それを意識的にしたほうがいい。

決められた答えを一生懸命に導き出す力にいくら秀でていても、それだけでは大学に入ったら通用しませんしね。

求められるのは、自分なりの問いを見つけること。すなわち課題の設定こそが、大学の学びなのですから」

人間は本来、問いを立てるのがうまい生きもの

問いを立てるトレーニングは、いつごろからすればいいだろう。

「小学生のうちから十分にできますよね。自分が疑問に思ったことを、『なぜ？』と問えばいいだけですから。

小学生と話すのって、おもしろいじゃないですか。とんでもなく自由な問いが飛び出すからです。せっかく発想が柔らかなのに、問いをあらかじめ与えられる教育にいつしか慣れてしまうと、自分で問いを発することができなくなっていくのは残念でしかたがありません。

人間は本来、問いを出すのがうまい生きもののはずなんですよ。

先ほど、人間は離乳期から多くの他者と会って、コミュニケーション力を磨いていく生きものだという話をしました。

早い段階から広い世界に触れることになるのが人間であって、そうすると必然的にさまざまな問いに直面します。

この人はなぜ自分と違うことをするのだろう。または、なぜここにはこん

な変な生きものがいるのか、などとあれこれ切実に考えざるを得ない。未知の事態に次々と直面し、予想のつかない現象と付き合っていかねばならない。そうなると『なぜ?』という問いがいつも頭に浮かんでいる状態となる。

そうやって『なぜ?』『なぜ?』と考え続けることで、人間は成長していくものなのです」

「答え」を導ける「問い」を意識すべし

小さいころから、問いを立てるトレーニングを積むべきだと、山極さんは教えてくれた。

ただし、ひとつ注意点があるそうだ。

「子どもの素朴な『なぜ』は、ともすると答えをうまく導けない問いであることもあります。

たとえば『神様ってなんでいるの?』『なんで宇宙はできたの?』といった問いが、子どもから発せられます。すてきな問いだとは思いますが、現在の科学や思想を総動員しても、それらの問いの答えは得られませんよね。

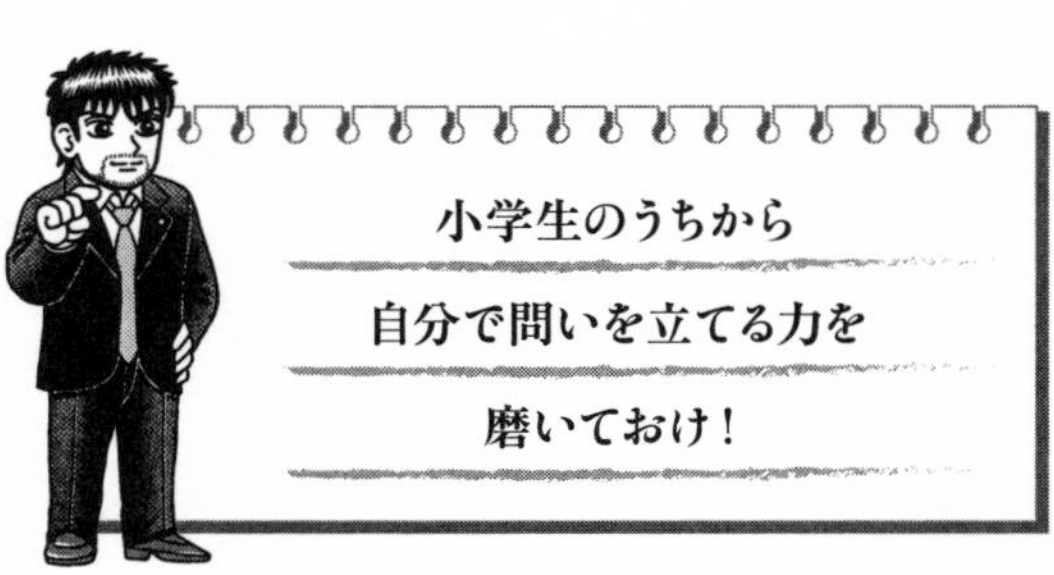
小学生のうちから
自分で問いを立てる力を
磨いておけ!

問いを持つことは大事。ただ、その先に答えを見つけるというのも大事なこと。なので、子どもが学びを進めるためには、正しい問いの出し方を知ることが必要になります。

たとえば『なんで宇宙はできたの?』という問いは、『新しい星ってどうしたらできる?』というかたちに進むと、これは現在の科学で答えられるものとなります。

答えを導ける問いをつくっていくことで、世界への興味はいっそう湧いてくるんじゃないでしょうか。

世界はいろいろな『問いと答え』に満ちていると気づけば、学ぶことの楽しさに目覚めていけると思いますよ」

子供の疑問を鋭いとよく言うがでは子供の思考は鋭いのか
英和
答えはノーだ……
子供は深く考えて疑問を持つわけでない
大人は持っている知識と情報を基にものを考えるだが子供は情報がまだない白紙の状態だ
だから子供がまずするのは情報の吸収だ疑問は思いつきで口にするにすぎない
疑問を発しても自分の考えがあるわけではなく子供は情報を無批判に吸収してしまう
子供の視線は大人と違うから大人には疑問が鋭いと感じられる

「ドラゴン桜」パート１から

子供は自分で考えるのがまだ苦手だ子供の思考は鋭くない
だから子供の疑問は単発で続きがない思考がまだしっかりと伴っていないからだ
ここで親がしっかり手助けするかどうかが分岐点
助けてやると子供の思考力は自然と身についていく
そのキーワードが「なぜ」……ねえ芥山《あくたやま》先生
そうです親子の会話に常に「なぜ」があるようにするといいのです

「ドラゴン桜」パート１から

「ドラゴン桜」パート１から

「他者から教えられる」のは動物界で人間のみ

学ぶ楽しさを味わう。それこそ人間らしい行為だと、山極さんは言う。

「他者と対話し、いい問いを出し、その答えを見つける楽しさを覚える。それが人間の生きる意味です。

せっかくなら、早いうちからそこに気づいたほうがいいでしょう？　問いは与えられるものだと思っているから、学校の勉強がおもしろくなくなっちゃうんですよ。そうじゃない、問いは他人から与えられるものじゃなくて、君が自分でつくるものだ。それをまずは知らないとね。

教育って、人間の世界にだけ存在する行為なんですよ。動物は他者から教えられるということはなく、すべてを自分で学ぶしかありませんから。

じゃあ教育の本質とは何かといえば、それは上の世代から下の世代への贈りものであるということです。

教育が贈りものだとすれば、贈る側の大人としては、子どもからの反応を過剰に期待してはいけません。贈りものとは、正当なお返しなどしなくたっていいものですし、見返りを期待するようなものではありませんから。

教育とは贈りものだ！
見返りなど期待するものじゃないと
親は心得ておけ！

自分が贈った知識や経験を、子どもがどうかみ砕き消化して、自分のものにするかは、楽しみにするのはかまわないとしても、ゆめ強制などしてはいけません。

いつか栄養となり、子どもの成長を助けるものになるのを期待する。それくらいに留めておくべきなのです」

食卓での親子の対話がいちばんの教育

教育とは贈りものであると、山極さんは喝破してくれた。

見返りを期待するようなものではないというのはわかったが、では親は日ごろ、子どもにどんな態度で接して、何をしてやればいいだろう。

「ひとつには、学ぶための具体例を提供してあげられるよう気を配ることです。

人の会話の8割はゴシップでできています。

だれかが話している内容は、人の間に起きたことか、人の関係そのものについての話が大半ということです。

そういう話を聞いて、子どもは人の間の関係性の機微や、していいこと、

学びの具体例を
たっぷり提供する。
それが親の務めだぞ！

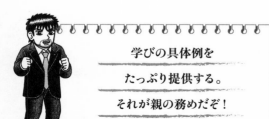

悪いことの区別を具体的に覚えていきます。

ですから親は、人の世の出来事や関係性についての例をたくさん提示していくべき。そのためには、親子が同じ食卓について、バカ話をすることがいちばんです。対話をするということですね。

子どもはそこから重要な学びを得ていきます」

自然や生きものとの触れ合いが学びを深める

「現在の学びは、教科書や問題集なんかをうまく用いて効率的になっているのはいいのですが、ちょっとショートカットし過ぎな面があります。抽象化したエッセンスだけを丸ごとのみ込み覚えて、試験だけをクリアすればいいということになっている。

しかし本来、学びとはそれほど短縮できるものではありません。多様な事例に触れて、それらを頭の中で整理しながら、全体像をつかむ。対話を通じて、知識を身体化していく。そうした過程がぜひとも必要なのですが、その時間が削られてしまいがちです。

学びのための『具体的なことを含んだ時間』を、少しずつでも取り戻すべきでしょう。

そのためにはまず、自然と付き合うよう心がけるのがいい。

僕自身は幸い、少年時代から自然と付き合う時間を多く持てて、研究生活に入ってからもアフリカまで行ってゴリラたちと長い時間を過ごすことができた。

その経験が何にも代えがたい貴重なものだと思っているので、なおさら自然とともにいることの効用を説きたくなるのです。

自然と付き合えといっても、何もジャングルに分け入れというのではありません。そもそも人間だって自然の一部ですから、人間と対話するのも自然と付き合うことになります。

植物を育ててみるのでも、ペットと遊ぶのでもいい。とにかく生きているものを相手にすると、予想外の反応や、やりとりが生じますね。相手の反応によって、自分がどういう存在であるかに気づくことができます。

自分をよりよく知る。そのためには相手が必要なんです。パソコンやスマホと付き合うんじゃなくて、人間や生きものと付き合うこと。そうしてこそ、私たちは学びを得られるのですよ」

Q 学びの本質って何だと思いますか?

A 人間としての自分とは、どういう存在か。それを知ろうとすることこそが、学びの目的です。自分を知るためには、他者とかかわらなければなりません。生きものは、自分で自分の姿を見ることができないのですから。他者とコミュニケーションを取り、他者を読み解いていく。その先に、自分自身への理解が深まる。これが学びのしくみです。学校であれば、先生やクラスメートと協働して何かを知り、体験を深めていくことができていれば、学びは進んでいるとみていいのではないでしょうか。

山極壽一さんがすすめる1冊!

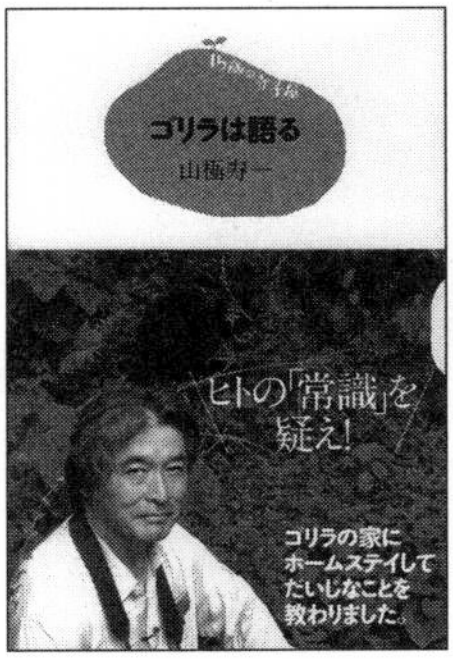

「15歳の寺子屋
ゴリラは語る」
山極寿一
(講談社)

私たち人間が自分のことを知ろうと思ったとき、鏡の役割を果たしてくれるのが、祖先を同じくするゴリラです。何かに悩んだり、深くものを考えたりするときには、ゴリラがきっとよきヒントを与えてくれます。

私が若いころからゴリラ研究のフィールド・ワークを続けてきたのは、目の前で起こっている現象の裏側にはどんな原理や法則が働いているのか知りたかったから。研究生活の体験から私が何を学んできたか、ていねいに詳しく書き記してあります。

宇宙での生活に近いコロナの時代、失敗&リカバリー体験が人を育てる！

宇宙飛行士
山崎直子

©MIWAKATOH

山崎直子
１９７０年、千葉県生まれ。宇宙飛行士。東京大学大学院航空宇宙工学専攻修士課程修了後、宇宙開発事業団（現ＪＡＸＡ）入社。２００１年、宇宙飛行士に認定。10年、スペースシャトル「ディスカバリー号」で宇宙に行き、国際宇宙ステーションでのミッションに従事。11年、ＪＡＸＡ退職。現在、内閣府宇宙政策委員会委員、一般社団法人スペースポートジャパン代表理事、日本宇宙少年団（ＹＡＣ）アドバイザーなどを務める。主な著書に『宇宙飛行士になる勉強法』（中公文庫）、『夢をつなぐ』（角川文庫）などがある。

膨大な学びの量と質をこなし続けるのが日常で、それゆえ学ぶ喜びもたっぷり知っている――。そんな「学びのプロ」といえる存在がいる。そう、宇宙飛行士と呼ばれる人たちのことだ。

そのひとりが山崎直子さんである。日本人宇宙飛行士として２０１０年にディスカバリー号へ乗り込み、宇宙に浮かぶ国際宇宙ステーションで仕事をこなした。宇宙の仕事を通して会得してきた学びとはどんなものだったか。しかと教えてもらおうじゃないか。

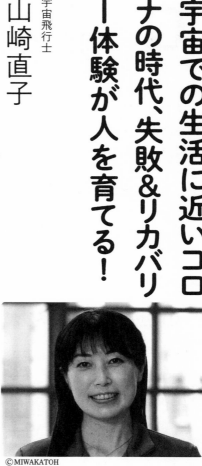

地球をぼうっと眺める時間が、集中力につながった

ときに、世界中がコロナ禍に見舞われる中、昨今の外出もままならない状況は、宇宙船や宇宙ステーションでの生活と似ているのではないかと思うのだが、宇宙飛行士から見るとどうだろうか。

「はい、よく似ていますよ。閉じ込められて行動の制限があり、それでも通信やコミュニケーションは機器を使えばできるという状況は同じですからね」

その経験からいって、制約のある生活を乗り切るのに大切なポイントは？

「こもってばかりの生活で難しいのは、気分転換ですよね。変化に乏しい時間を送っていると、仕事や勉強をついだらだらと続けてしまいがち。ですからいつもより意識的に、休憩時間や気持ちを切り替える時間を持つことが大事でしょう。

宇宙船の中でも同じです。仕事はいつも複数のことが継続中だし、安全面などを考えれば24時間、本当に気を抜くことなんてできません。ですから宇

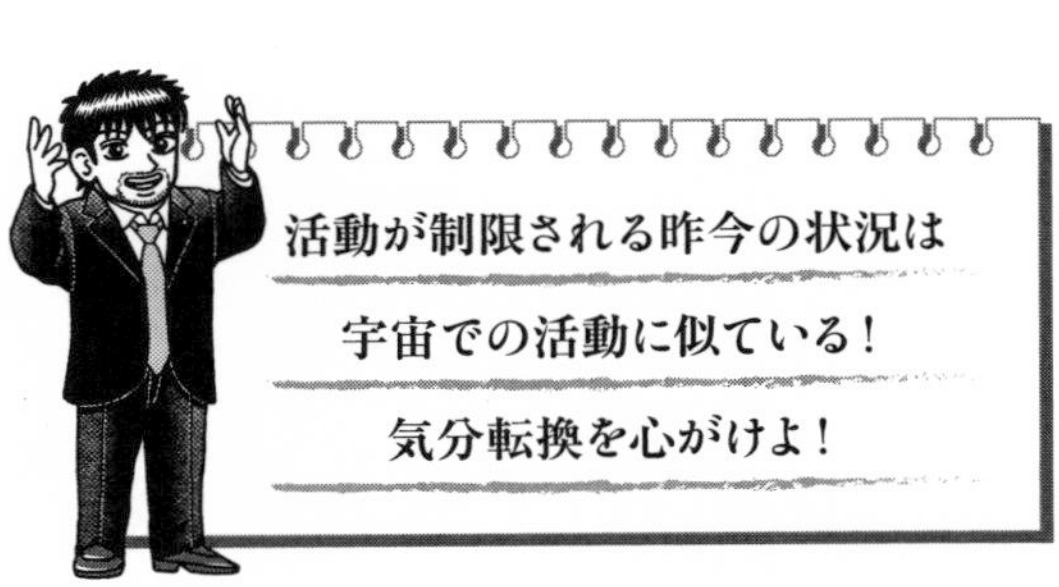
活動が制限される昨今の状況は
宇宙での活動に似ている！
気分転換を心がけよ！

宙船内での生活プログラムには、休憩時間がしっかり組み込んであります。

宇宙船の中で、温かいコーヒーや紅茶を飲みながら、ぼうっと地球を眺めるような時間をよく過ごしたものです。リセットする機会があってこそ、また集中してことに臨めるものですから」

自宅でのオンライン学習は第三者の関与が鍵

このところ導入が一気に進んだオンライン学習については、どう評価するか。


「勉強を学校内だけで完結させるのではなく、オンラインによる自宅学習もあらかじめ盛り込んだカリキュラムが増えるのは、間違いなくこれからの世の流れでしょう。

勉強のしかたや自分の学習ペースを会得している人たちにとっては、オンライン学習は効率よく学びを進められる場になりそう。

ですが、たとえば小学校低学年の時期には、やはりペースメーカーとなってくれる大人の存在が重要となりますね。できるだけきめ細かいフォローが可能な態勢を築きたいところです。

自宅学習で親が子の勉強を見るとなると、親子ともども甘えが出て、時間を守れなかったり、きつい物言いになったりしがちです。そこはやはり第三者の存在が、オンラインなりなんらかのかたちで導いてくれるほうがよさそうですね。

これからの時代にどう学びを進めるかについては、しばらく世界中で模索が続いていくのでしょう」

「トレーナブル」かどうか、学びに自覚的になろう

ありとあらゆる知識と技量を身につけ、判断力や人間力も最高度に達した人たち。宇宙飛行士といえばそんな「学びのプロ」のイメージがある。独自の学び方のコツを有しているのだろうか？

「秘伝の方法みたいなものはありませんけれど……。強いていえば、トレーニングをするときに、私たちはよく『トレーナブル』かどうか？ということを気にかけてはいますね。

これは、いま取り組んでいることによってどれほど学びが促進できているか、常にチェックする姿勢のことです。

トレーニングなのだから失敗したってかまわない、むしろ失敗から学ぶこ

とが大切なのだけれど、当人がそこから何を学び、伸ばしているかは、しっかり考えておかないといけないのです」

宇宙飛行士の訓練を通して覚えるべきことは、想像できないほど多岐にわたるように見える。頭が混乱したりはしないもの？

「そうですね、基礎訓練といわれる段階で生物学、電気工学、材料学など、ひと通り学ぶ分野は確かにたくさんあります。でもそれらは、その後のトレーニングや宇宙での活動に直接は使わないものもあります。

ただ、基礎・土台の知識として、その後の応用に役立ってくるので、忘れてもあとから見直すなどしながら、理解を深めていきます。

好きでやっている勉強ですから、訓練自体は楽しいのですが、そのときの優先度に応じて、効率よくこなすところ、力をかけるところとメリハリをつけていますよ」

宇宙で求められる力もスキルベースに変化

「何かを学ぶときのコツとしては、土台の部分を完璧にすることに固執しないほうがいいかもしれませんよ。ある程度、土台を固めたら先に進み、実践しながら足りないところに気づき、補強していくほうが、やりやすいこともままあるでしょうから。

実践を進めていると、『これも足りない』『こっちの分野も知っておいたほうがいい』というところがきっと出てきますしね。

宇宙飛行士のシミュレーション訓練なんて、考え得る中で最もシビアな状況が設定されます。計器が壊れ、コンピューターが停止し、電源を失い、地上との通信が途切れ……。そのときどうふるまいますか？というのが試される。

そういう訓練を体験していくと、基礎・土台はどこまで広く持っていたって多過ぎることはないなと痛感しますね」

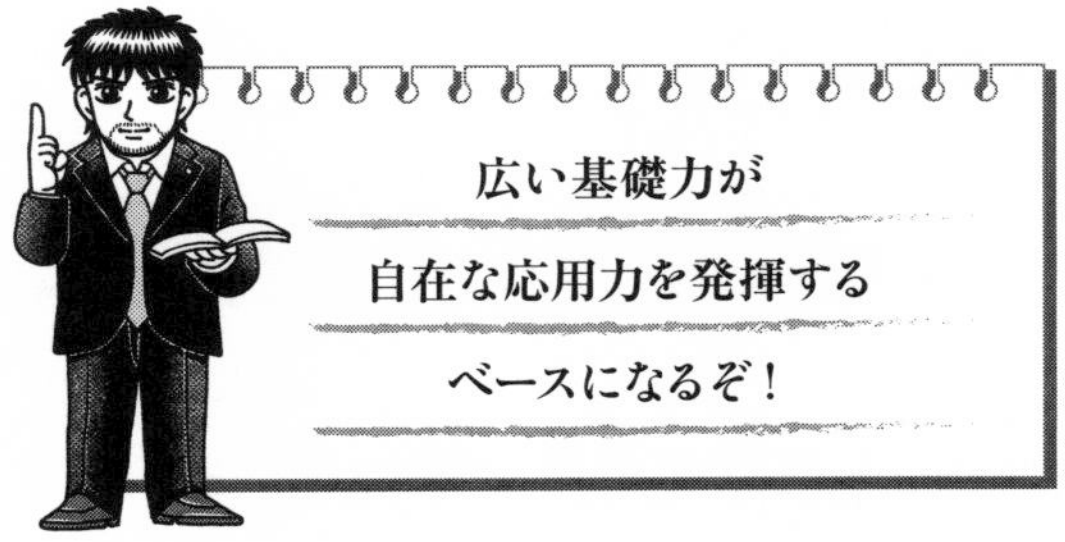
広い基礎力が
自在な応用力を発揮する
ベースになるぞ！

「ドラゴン桜」パート1から

とりわけ近年の宇宙関連の仕事では、より広い基礎力の上に立った自在な応用力が求められているという。

「宇宙開発の初期の時代、宇宙飛行士に求められたのは、想定されるタスクをいかに早く、ミスなくできるかという能力でした。いわばタスクベースの力が問われた。

現在のように宇宙での生活・仕事が長期間となり複雑化してくると、すべての状況を訓練でカバーしておくのは不可能になってきます。そこで基礎を幅広く学び、その知見をベースに現場で臨機応変に対応しましょうという、スキルベースの力を重視するかたちに変化してきました。

タスクベースからスキルベースの学びへ。

これは昨今の教育の流れとも方向性が重なっていますね」

小学校での基礎学力がその後の学びを豊かにする

知見をフル活用して任務を遂行する宇宙飛行士の山崎さんにこそ、ぜひ聞いておきたいことがある。

子どものころにだれもが一度は口にしてしまう疑問に、「学校の勉強って、何の役に立つの？　どうせ使わないんじゃない？　そんなもの、なんでしなくちゃいけないの？」というものがある。

これにどう答えたらいいか。

宇宙飛行士の場合、訓練などで学んだことがきっと実践に生かされると思うのだが、一般の人が学校でする勉強については、どう考えればいいだろう。


「そうですね、学んだことが何の役に立つのかは、はっきり示すのがなかなか難しいものですよね。

訓練も、ほとんどが非常時の対応で、実際には使わずに済むことも多いです。

ひとつ言えるのは、学びとは積み重ねていくものです。

基礎的な学びを修めておくと、その知識のおかげで次の段階の学びがよりやりやすくなる面はあります。

子どものうちから基礎の学びをしておけば、成長に応じて、また大人になってからでも、何かを学びたくなったときにたいへん学びやすくて、『よかった』と思うことがきっとあるでしょう」

図鑑が大好きでしょっちゅう開いていた子ども時代

「もうひとつ、知識を得ることは手段というだけじゃなく、それ自体が目的だということも言えます。

わからないことを知るのは、純粋におもしろいじゃないですか。

その楽しさをできるだけ早いうちに体験しておいたほうが、学びの幅は広がっていくと思います」

山崎さん自身は、学びへの意欲が強い子どもだった？

「好奇心は小さいころから強かったかもしれません。図鑑が大好きでしょっちゅう開いていましたし、どこかへ出かけていって、見たことのないもの、知らないものに触れることをいつも求めていました。

当時はそれらが勉強だとも考えていなかったけれど、広い意味で大事な学びの場だったのだなと思います。

勉強というと、どうしても学校の席に座って無理にやらされるイメージがありますけれど、それだけじゃないよ、好きなことを知ろうとする行為すべ

好きなことを知ろうとする。
その心の動きが
勉強そのものなんだ！

てが勉強であり学びだよということには、ぜひ気づいてほしいですね」

通訳の仕事や遺伝子工学に憧れたことも

長じて宇宙飛行士になった山崎さんは、小さいころから夢へ向かって一直線だったのだろうか？

「確かに小さいときから星を見るのが好きで、プラネタリウムに連れて行ってもらったり、天体望遠鏡をのぞかせてもらったりといったことはありました。

そういう体験が重なっていって、宇宙にかかわることをしたいなという思いが、だんだん大きくなっていった。

何らかの特別な体験や勉強をしていたというよりは、ふつうに手の届く範囲で宇宙のことに触れていただけですけれどね」

思い描いた宇宙への夢が、ブレたり見失われたりしたことはない？

「宇宙以外にもいろいろな方面に興味関心は向いていたので、進路は悩みましたよ。

中学生のときに米国の女の子と文通する機会があって、海外で働くことや通訳の仕事に憧れたこともありました。

あとは、当時盛んになりつつあった遺伝子工学にも興味を持ちましたね。青いバラをつくるプロジェクトなんかが話題になっていたので。

それでも最終的には、子どものときから好きだった宇宙のことへと、気持ちが定まっていったんですよね」

夢の実現にむけて、いまできることをやり続けよう

進路を考えるうえで効果的だったのは、「夢の幅」を持つゆとりがあったことだ。

どうしても宇宙飛行士になる！と考えるのではなく、宇宙にかかわって生きていきたいという目標設定にしたのがよかった。

「そう、宇宙への想いはずっと強くありましたが、宇宙飛行士になるだけが選択肢じゃないということもどこかで考えていました。宇宙飛行士は毎年募集があるわけでもなく、職業とするにはイレギュラーですしね。

夢を持つなら、
「幅を持たせ」て
目標設定するのが肝心だ！

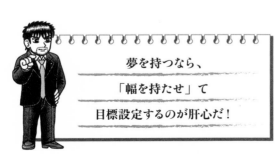

まずはエンジニアとして宇宙に携わりたいとの目標があって、そのさらに上のねがいとして、宇宙に行ってみたいという気持ちがあるという感じ。それに、宇宙飛行士になれたとしても、本当に宇宙に行けるのか、いつ行けるのかというのはまったくわからないんですよ。

どうにもならないことに思い悩むのはやめにして、自分ができることをあきらめずにやり続け、そうするうちにできることの幅を広げていくのがいいのだろうと思います。

子どものうちって、『どうせ自分にはできないし……』などと、ものごとをあきらめてしまうことがけっこうありますよね。確かに、できるかできないかはわからない。

でも人生は、やって後悔するより、やらずに後悔することのほうが圧倒的に多いじゃないですか。だったら、迷ったときにはやってみようかなと、私自身は心がけていますね」

宇宙飛行士の評価基準はコミュニケーション力

夢を叶えてからも、宇宙飛行士とは日ごろからタフでハードな日々を送ることになるのでは？　つらくて逃げ出したくなることはないのだろうか。

「過酷な訓練は確かにあります。ただ私は訓練ってけっこう好きで、苦になったことはほとんどないかな。好きなことを学べるのはねがってもないことですから。

ちょっとつらいのは、日本は有人宇宙船を持っていないので、訓練をするときに米国やロシアへ出向いてやらなければならず、そういうときは『アウェイ』の環境なのでなかなかハードでした。

海外で活躍されているスポーツ選手の話なんかを読んで、元気をもらっていましたね」

日ごろのトレーニング時から、常に結果を問われたり高いレベルを求められたりしそうだが、そのあたりも気にはならない？

「知識や技能に限らずチームワークとかリーダーシップ、フォロワーシップなど、いろいろな観点から常に見られているのが日常ですけれど、評価されることをあまり気にしないことでしょうね。

ふだんから何よりも気をつけているのは、仕事仲間とのコミュニケーションをしっかり取ることです。

宇宙飛行士としての評価基準は、たとえばロボットアームの操作にしても、早くできたというだけでは不十分なんです。コンビを組んだバディに対して、『いま私はここをやっているから、そっちを頼める?』などと、コミュニケーションをきちんと取れないといけない。

そのふるまいが最重要視されるんですよ」

「安心して失敗できる環境」が子どもを伸ばす

「おそらく人は、ひとりきりでは大して能力を伸ばすことも発揮することもできない。学び合ってこそ成長するし、協力し合ってこそ大きな力を発揮できるようにできているんですよ。

学び方や能力開発について、宇宙飛行士の訓練の現場にはノウハウが積み重ねられていますね。

ふたりひと組の訓練は多いんですが、そういうときにはたいてい若手とベテランが組みます。若手はベテランに頼ろうとして甘えが出るものですから、リーダー役は若手が担う機会をつくる。

ベテランは一歩身を引いて見守り、若手にリードさせつつ、判断ミスや足りないところを補っていきます。そうやって、失敗も含めて経験値をどんどん積ませるのです。これはよくできたしくみだと思います。

子どもの学びを進めるときも、よく『成功体験を積ませよう』とは聞きますが、同時に小さい失敗体験もたくさんするといいんですよね。

失敗を繰り返して、でも別に怖くないんだよ、リカバリーできるよ、ということを体感しておいたほうが、チャレンジを続けられるようになると思います」

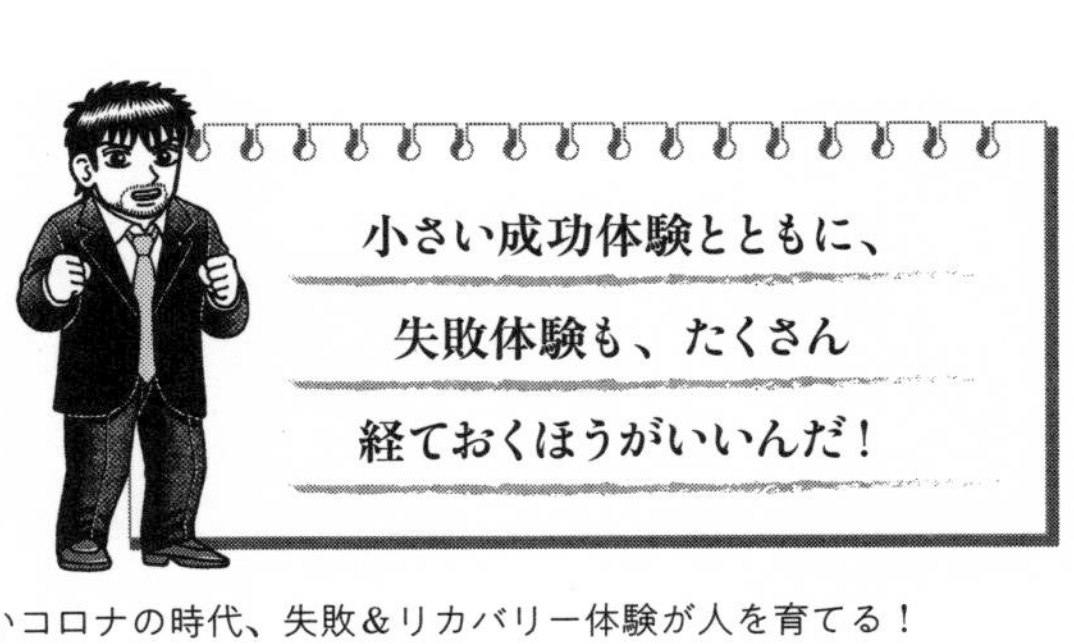
小さい成功体験とともに、
失敗体験も、たくさん
経ておくほうがいいんだ！

他人に損害を与えない失敗なら責任は自分一人だ
やっちゃったもんはしようがない笑って済ませて次へ行く
大事なことは次をどうするかだ
はい

「ドラゴン桜２」から

Q 学びの本質って何だと思いますか?

A 教科書、先生、本、友人、自然などなど、周りのどんなものからも吸収できる点はたくさんあると思うのです。それを吸収する側の自分が、周りから与えられたものを学びに変えていけるかどうかがポイントです。どこからでも学べる力があるかどうか。そして、「トレーナブル」かどうかが、学びの本質につながっている気がします。

山崎直子さんがすすめる1冊!

「COSMOS(上)」
カール・セーガン
(朝日選書)
※このタイトルは(下)もあります

中学生のときに読んで影響を受けました。広い宇宙の中の地球上に生命が生まれて、いろいろな生物が進化していった果てに、現在の人類の宇宙開発がある——。宇宙と人間の関係が、壮大な歴史の展開のなかでとらえられています。真実を突き止めようとする思想や科学が、ときに迫害や妨害を受けながら発展してきた過程も語られていて、人の生や歴史が単なるきれいごとではないことを教えてくれます。私の宇宙への関心を、いっそうかき立ててくれた一冊です。

5時間目

塾選びの秘訣を伝授！

プラスティー教育研究所　代表取締役
清水章弘

教育系YouTuber
葉《は》一《いち》

塾は正しい勉強の型を、親は計画立案・目標設定でサポートしよう！

プラスティー教育研究所　代表取締役
清水章弘

清水章弘
1987年、千葉県生まれ。海城中学高等校、東京大学教育学部を経て、同大学院教育学研究科修士課程修了。勉強のやり方を教える塾「PlusT」を東京と京都で運営。テレビ、新聞、ラジオで勉強のやり方を解説している。主な著書に『東大式ふせん勉強法』（ディスカヴァー・トゥエンティワン）などがある。1児の父。

塾・予備校の存在は、日本の教育の世界ですっかり欠かせないものとなっている。是非論はともかく、実態は今後も変わらないだろう。どうやっていい塾・予備校と出合えばいいか。そのあたりを聞くのに適任がいたぞ。東京と京都で学習塾「PlusT」（以下、プラスティー）を運営している清水章弘さんだ。

正しい勉強習慣をつければ、教育改革も怖くない

学習塾「プラスティー」は、勉強そのものというより、「勉強のやり方を教える」という触れ込みで高い人気と評価を得ている。清水さん自身も授業を担当しながら、全国の学校、教育委員会、企業のアドバイスもしている。国の制度に先行して、独自に「わが教育改革」を推し進めているようなものだな。

「本来、学ぶことはそれ自体が喜びですし、学ぶ本人が自律しておこなうのが本当の姿ですよね。ですからプラスティーでは、詰め込み学習はしません。指導者と学習者で、なぜ勉強をするのかという目的や、何を目指すかといった目標を共有して、進むべき道をともに歩んでいくスタンスをとります」

なるほどこの塾では各教科の内容ももちろん教わるが、それ以前にみずから学ぶ方法、すなわち「自学力」の身につけ方を教えているのだ。

塾で人気の個別指導。先を考えると注意したい点も

現状、日本では、塾・予備校が「学びの場」として欠かせないものになっているのは間違いないところだな。これだけたくさん存在するとなると、どんな塾を選ぶかが重要になってくるだろう。広く学校へのアドバイスなどもしている清水

さんに、客観的な視点から、塾の選び方を指南してもらおう。

まずは「形態」だ。見渡すと、塾にはマンツーマンの個別指導、複数の生徒が集団で授業を受ける形式、その折衷のような少人数授業などがある。

このところは「個別」の人気が高いようだな。受講料も高くなるが、そのぶん効果もあるんじゃないかと、保護者は期待してしまうものだが……。


「そうですね、教科や分野によっては、個別が効果的なこともあると思います。たとえば国語の記述問題できめ細かい添削が必要なときですとか、算数でなかなか概念が理解しづらい単元ですとか。

ただし、ひとつ気をつけたいことがあります。マンツーマンで教えてもらうことに慣れ過ぎると、サポートなしで勉強するのが苦手になってしまうこと。大人に依存しながら勉強していっても確かに、中学受験あたりまでは合格することができます。ただ、大学受験になると、『人に言われたことをやる』スタイルのままでは太刀打ちできません。それに、大学というのは教育機関であるとともに研究機関でもある。学生は教育を受ける者であると同時に研究の徒でもあるのです。

独り立ちして学びを進められないようでは、研究なんて無理ですよね。やはりできるだけ早いうちに、みずから学ぶ姿勢を身につけるべきですね」

独り立ちして
勉強できる環境。
それを整えるのが大人の役目だ！

その点勇介君は違います
初めは親を見返すためでしたがその後に自分の意思で自発的に勉強を始めた
まさに自分のために勉強しているのです
こういうタイプは社会に出てからが強い
START
仕事においても進んで興味の幅を広げどんどん挑戦していく…
何事も行動の基準が自分にある…こういう人間が大成功を収めるのです

「ドラゴン桜」パート１から

塾選びは見学が必須。講師の研修体制もポイントだ

ほかに塾選びの着眼点はあるだろうか？

「通う生徒のことを、どれほどかけがえのない存在として捉えているか。そこが見るべきポイントであろうと思います。

お子さんがいる家庭には、さまざまなかたちで塾の案内資料が届くことでしょう。塾選びの第一歩としてはそれらに目を通すのもいいのですが、実際に見学に行ってみなくては本当のところはわかりません。検討対象の塾には、必ず足を運んでみましょう」

塾へ直接行ってみて、よくよくチェックするべきは何か。清水さんは明快にひとこと、「人」であるという。

「どんな人がその場を束ね、実際にどういう人が勉強を教えてくれるのか。とくに先生としてのスキルについては、シビアに見極める必要があります。

どのように採用され、どんな（社員）教育を受けてきた人が教える立場にい

るのかは、はっきりと聞いてみるのがいいですよ」

おたくの先生のスキルはどうなんですか?とは、見学に行った身としてなかなか聞きづらいこともあるかもしれない。そこでよくあるのは、案内資料に書いてある「○○大卒」という講師プロフィルを安心材料にしようとすることだ。

それはよくない。出身大学だけでは、講師のスキルなど判断できないに決まっている。ひとつ、こう聞いてみるといいんだ。

「先生方の研修の体制は、どうなっていますか」

塾に任せ過ぎず依存し過ぎない親の心構えも必要

日ごろから、教える者としての力をどう高めているのか。しっかり確かめておくんだ。塾に通うというのは、決して安い出費でもないのだから。

ただし、塾を通常の買いものと同じように捉えるのはよくない。モノを買うときのように、「お金は出す。その対価として成績を上げてくれるんでしょう?」という態度では、塾とあまりいい関係は築けそうにない。

「確かにそう言われてしまうと、塾側としても少し寂しい気持ちになってし

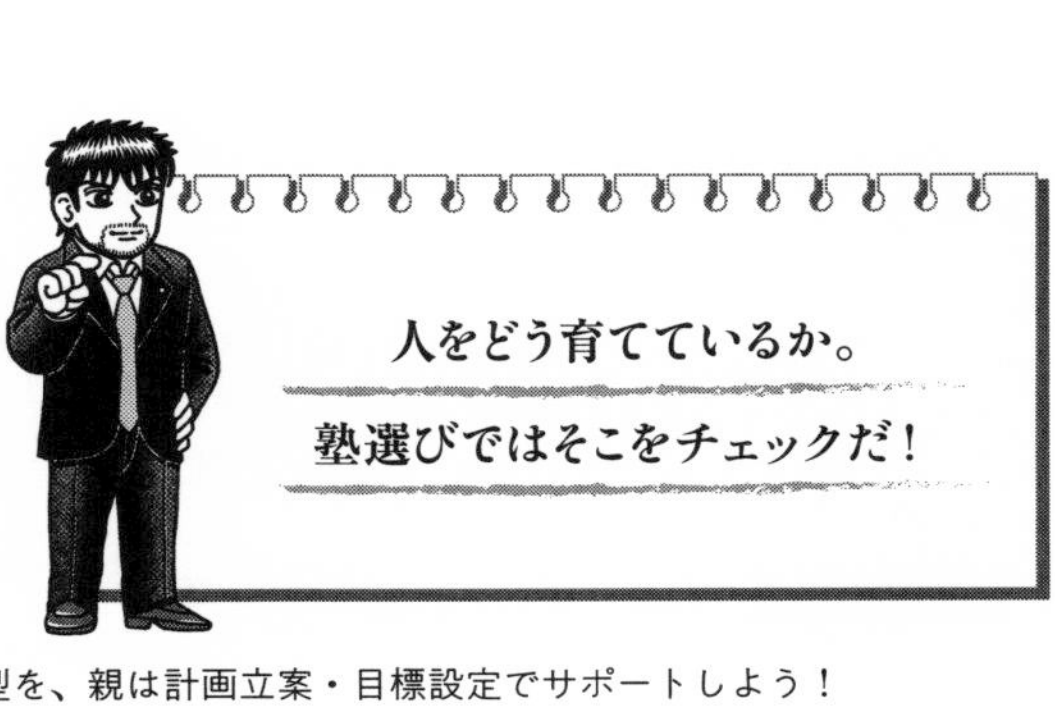
人をどう育てているか。
塾選びではそこをチェックだ!

まいます」

と清水さんも言う。いい塾なら、子どもの人生の一部に真剣にかかわらせてもらいたいとの気概を持っているはずだとのこと。そうした熱い気持ちのある塾とうまく出合い、子ども、家庭、塾がともに成長していける関係を築けたら理想的だ。

一方、塾に依存し過ぎないようにする気持ちも大切だという。

「私は塾を、病院のようなものと捉えています。学校の授業についていけない、またはもの足りないところがある。ならば治療をしましょう、という場です。治ればうれしいし、おめでとうと言われながら退院していくのがふつうですよね。

もちろん病気やケガを治すための通塾もあれば、もっと高みを目指して切磋琢磨したいがゆえの通塾もあるでしょうから、『病院モデル』で一概には語れませんが、依存し過ぎないことが肝要なのは確かだろうと思います」

苦労人の父のすすめで私立中高へ進学、東大へ

うまく付き合えば、これほど心強い存在もないのが、日本の塾という存在だ。清水さんは長らく、正しき塾のあり方を模索し、実践し続けてきたわけだが、なぜこの世界に身を投じるようになったのか、その背景が気になるところだ。

東京の名門私立中高一貫校に通い、現役で東京大学へ。学生時代、弱冠20歳で起業し、塾の経営をしながら大学院を修了した——。

かいつまんで言うと清水さんの生い立ちはそんなことになる。よほどのエリートであり、ひょっとするとご両親も東大、祖父も帝大を出ているような家柄なのだろうかと想像してしまうが、そうではないそうだ。

「清水家はもともと茨城にあり、昔から高等教育とは無縁な家系でした。うちの父も、高校を出て働き始めたのですが、高卒だといつまでも大卒の初任給にもたどり着けないと気づき、3年間の浪人生活を経て大学へ入ります。

のちに生まれた僕に、父親は言いました。自分みたいな人生を歩ませたくない。だから『学』だけはつけさせたい、と。それで私は中学から、東京の私立校へ通うことになりました」

通っていた中学校で教育問題に関心を持つようになり、東大の教育学部へ進学。学校の現場でやりたいことがたくさん出てきて、話を持ちかけると、たいていは「法人相手でないと契約を結べない」と言われた。ならばと在学中にみずから会社を立ち上げた。それが現在のプラスティーへとつながっている。

中学時代に取材した教育評論家の影響で教育の道へ

中学時代に教育問題に目覚めたというのは、なぜだったのか。

「毎学期1本ずつ、レポートを書く課題があったんです。2年生のとき、テーマ選びに悩んでいると、テレビの討論番組で『ゆとり世代』を憂う話題が取り上げられていました。

1987年生まれ以降のゆとり世代はバカになる、どうするんだという議論ですね。私はまさに87年生まれで、第一世代なのです。

自分たちで決めた制度でもないのに、なぜバカだと言われないといけないんだろうと疑問を抱きました。じゃあこれをレポートのテーマにしようと決めました。

　2カ所以上は取材をしなさいというルールがあったので、テレビで教育について語っている方々に片っ端から連絡をして、取材のおねがいをしました。するとみなさん、お忙しいなか時間を割いて話を聞かせてくださいました。

　尾木直樹さんや和田秀樹さんなど、著名な方々も含めて、口をそろえて『教育こそいちばん大事なものなんだ』と目を輝かせて、熱く語ってくださるのです。こんな生き生きとした大人の顔を見るのは、初めての体験でした。

　そうか教育か。この仕事はすてきだな。そう強く思うようになって、教育学を志すようになったのです」

　なるほど子どもに最も大きい影響を及ぼすのは、大人が全力で楽しみ、本気で打ち込む姿なのだということが、改めてよくわかる逸話だ。

学習計画や目標設定のサポートこそ、親の役目

　清水さんの話から、塾の役割や有用性はよくわかるものの、子どもの生活のベースになるのはあくまでも家庭ではないか。「学べる子ども」にするために、親ができるのはどんなことだろうか。

楽しそうな大人の姿こそ
子どもの未来に
影響を与えるんだ！

「結果とプロセスの両方を見てあげるように、心がけましょう。親はどうしても試験の点数とか受験の合否など、結果だけを見てしまいがちです。

中学生なら中間試験の結果を手にしながら、この教科が弱い、もっと点数を取れるはずだと言い募り、あとは期末試験の期間まで『ちゃんと勉強しなさい』としか言わないことが多くないでしょうか？

勉強しろという頭ごなしの言葉には、子からもれなく『いま勉強しようと思ってたのに！　あーあ、もうやる気なくなった』というおなじみのフレーズが返ってきてしまうばかりでは？」


ここはひとつ、具体的に子を導く言動が必要というのだ。


「代わりに勉強してあげることはできませんし、その必要もありませんが、計画を立てて勉強の道へ導く協力はできます。そう、学び方を教えて、習慣づけてあげるのは大人の役割だろうと思います。

やるべきことを明確にして、それを細分化したり、１日にやる分量を見積もってあげたり。

計画を立てるにしても、子どもは『じゃあ毎日、朝5時に起きて勉強す

「ドラゴン桜」パート１から

る！』などと極端なことを言い出しがちです。

それは続けるのが難しいから、こうやって時間をつくったら？と、せっかくのやる気を継続できるかたちに整えてあげることが大切でしょう」

ものごとは決して予定通りになんていかないことも、大人はよく知っているはずだな。

目標を立てるにしても、「チャレンジ目標」「適正目標」「最低ラインの目標」の3本立てにして、転ばぬ先の杖を用意しておくことなんかも、具体的に示してやるべきなんだ。

「自学力」は順を追って身につけよう

子どもが自律して学べるように仕向けていくのが大切——。そうは言っても、いきなりすべてを丸投げしてはいけない。

獅子は子を千尋の谷に落として育て鍛えるというが、そこに真理があるとすれば、親獅子はちゃんと子が自力で上がってこられる程度の深さの谷を選んで、突き落としているはずだ。

「自転車の乗り方を覚えるときと同じです。最初は補助輪をつけておかないとなかなか乗れませんよね。

できるようになったら片方だけ外し、さらに上達したら両方外す。そのあともうしろから支えてあげて乗ってみて、様子を見ながらちょっとずつその手を離してあげる。そうしてようやくひとりで乗れるようになるものです。

みずから学べる『自学力』をつけないと、大学受験には太刀打ちできないし、大学に入ってからも困ってしまう。だからといって、手をかけないで放っておけばいいというものでもありません。自習のしかたを、順を追って教えてあげなければ。

プラスティーではその方策として、授業と自習の間に『管理自習』というものを用意しています。授業が終わったら、その場に残って先生の見えるところで自習をする。

自分でできそうだなとなれば、自習室を使っていいよということになります。自学のしかたを学ぶプロセスは必要なのです」

子どもの「わかった」を疑え

自学力を養うためのプロセスを、うまくつくってやるのは大人の役目である。

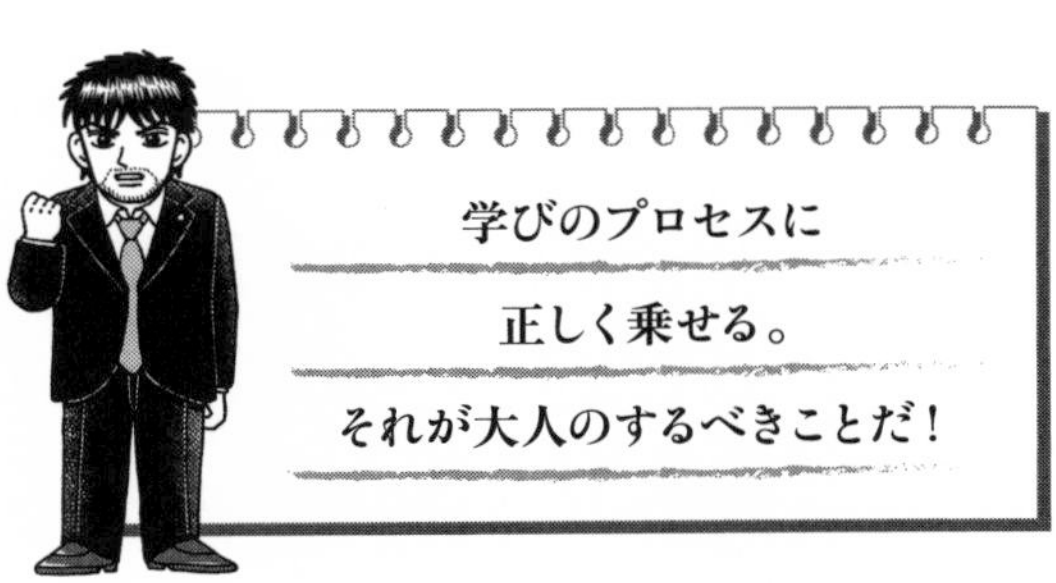
学びのプロセスに
正しく乗せる。
それが大人のするべきことだ！

そうなると、親も意識を変える必要がありそうだ。

忍耐力をもって子に接しなければいけないし、声かけのテクニックもいるだろう。

「そうですね、たとえば『勉強どう？　だいじょうぶ？　この問題わかった？』などと、つい子どもに聞いてしまいがちですが、そう聞かれれば子どもはたいてい『だいじょうぶだよ！』と答えます。

これは反射のようなものなので、本当にだいじょうぶなのか、学習内容を理解しているかどうかはほとんどわかりません。

そういうときは、『覚えたこと、お母さんに教えてくれる？　説明してみてくれない？』とたずねたり、同じ内容だけど角度の違う問題を『じゃあこれも解ける？』と出してみたりしましょう。

大人が子どものふるまいを評価するときは、アウトプットを評価すべきなのです。『だいじょうぶ』という言葉は、アウトプットではありません」

「教科横断」に対応するには、中学の勉強を大事にして

ここでひとつ気になるのは、教育・受験改革だ。これから学ぶ目的や内容が変

わるとなれば、親が果たすふるまいも変えねばならないのか。また、特別な対策は必要じゃないのだろうか。

「焦る必要はありません。たとえばいま中学受験の勉強をしている家庭は、そのままのやり方を継続して問題ないでしょう。学ぶことに対して真摯に努力をしてきたのなら、それは制度・方針が変わったってゼロになどなりませんから。

ひとつ心がまえがあるとすれば、中学時代の勉強を、ぜひ大切にしていただきたい。というのは、中学校の勉強が最も網羅的であり、かつ学問の基礎でもあるからです。

教育改革後の大学受験は、教科横断型のものになっていきます。たとえ文系に進むと決めた人でも、数学や理科の基礎的学力がどうしても必要になってきます。中学校では、だれもが全教科の基礎をまんべんなく学びますね。そこをしっかり勉強しておかないと、大学受験期になってから取り返そうと思っても大変なのです。

もうひとつ、中学・高校時代に、自分で掘り下げたいプロジェクトを持つこともおすすめしたいところです。これは日々の学びを深くするのとともに、教育改革で強化される記述問題対策としても力を発揮しますので。

記述式の問題がこれからぐんと増えていくといいますが、むやみに怖がることはありません。記述式の答え方にはちゃんと型があり、そのフォーマットを覚えてしまえばだれだって解答はつくれます。問題はむしろ、そのフォーマットに流し込むべき自分の体験、考え、主張があるかどうかです。試験に臨んでその場で絞り出すわけにもいかないので、これも前もって準備しておく必要があります。そのときに『自分プロジェクト』を活用すればいいのです」

「自分プロジェクト」が記述の力を伸ばす!

これから重視されることになるであろう記述式問題の対策として、清水さんは「自分が掘り下げたいプロジェクトを持つ」ことを挙げる。

「宇宙の秘密でも海洋の神秘、明治時代の世の中でも何でもいいのです。教科の枠を飛び越えて、興味のあることを深掘りしていきましょう。ただしここでも、子どもに丸投げして『とにかく自分で調べなさい』とはしないほうがいいですね。道筋は与えてあげるべきです。

小学校時代の夏休みの自由研究、あれは自由に研究してみなさいという丸投げだから、子どもとしてもちょっとつらくなってしまうのです。

具体的には、探求する内容を子どもが決めたら、英数国理社の5教科からその問題にひもづく考察を進めてみようかと提案すると効果的です。

たとえば人工知能に関心を持ったとしますね。ならばまずは社会科の観点から、人工知能が社会に及ぼす影響を考えてみる。続いて英語で、英語の関連文献を読んでみる。理科では人工知能がおこなうディープラーニングのしくみを探ってみる。数学からは、知っている知識の範囲で人工知能の課題処理方法を実際に計算してみる。そして国語なら、それら仕入れた知識をもとに字数を決めて論述してみる。

5教科それぞれの視点を用いると、興味を持った対象を複眼的に、うまく掘り下げていくことができるのです。そうか、だからこの5教科が主要な学習分野になっているのかという気づきにもつながりますよ」

親はそうしたガイドラインを示すことで、学びの世界へのよき案内役となれるのだ。

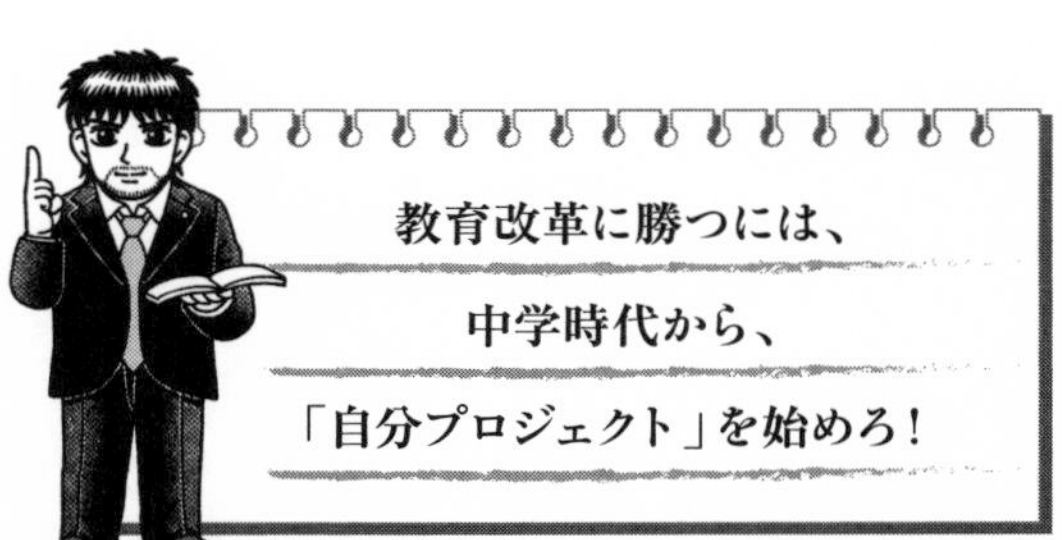
教育改革に勝つには、
中学時代から、
「自分プロジェクト」を始めろ！

実際に整備工場に
行っておじさんから
教えてもらったりも
したなあ
そうしたら
動力について
知りたくなって
船とか……
ロケットとか
全部調べて
今度は宇宙に
興味が湧《わ》いてきて
星座全部覚えて
星やビックバンについて
調べてみたなあ

「ドラゴン桜」パート1から

改革の内容をつかんだ親が子のよき案内役となる

子どもが興味を持ったことに、同じように関心を持つ。そうした姿勢こそ大事なのである。

その伝でいえば、教育改革を経た学びの世界に旅立つ子どもたちのため、親はもっと「これからの教育の世界」を知ったほうがいい。

「教育改革の内容やその背景を、まずは子を支える親が押さえておくのは重要です。なぜそうした改革がおこなわれることになったのか。これは時代と社会構造の変化に起因します。

これからはグローバル化がいっそう進み、コミュニケーションツールとしての英語の重要性が増していきます。だから英語学習でも『読む・書く・聞く・話す』の4技能をさらに学ぶこととなったのです。

また、これからは先行きが容易に読めない、不確実な世の中になっていく。そんな世界に入っていく子どもたちは、『生きる力』を養わなければ。そこで思考力・判断力・表現力が必須となり、それらを養える教育に転換しようとしているわけです。

そうしたバックグラウンドがわかれば、子どもにどんな力をつけさせなくてはいけないか、おのずと見えてくる気がします。

10回書いて覚えよう、それでダメなら100回書いて！という暗記テクニックを強いるのは違うんじゃないか。それよりも正しく考えて解を導く方法を身につけてほしい、といった発想になるのではないでしょうか。

変化の背景を知れば、学ぶ子どもの側・学びを促す大人の側の双方とも、納得感を持って勉強を進めていけると思うのです」

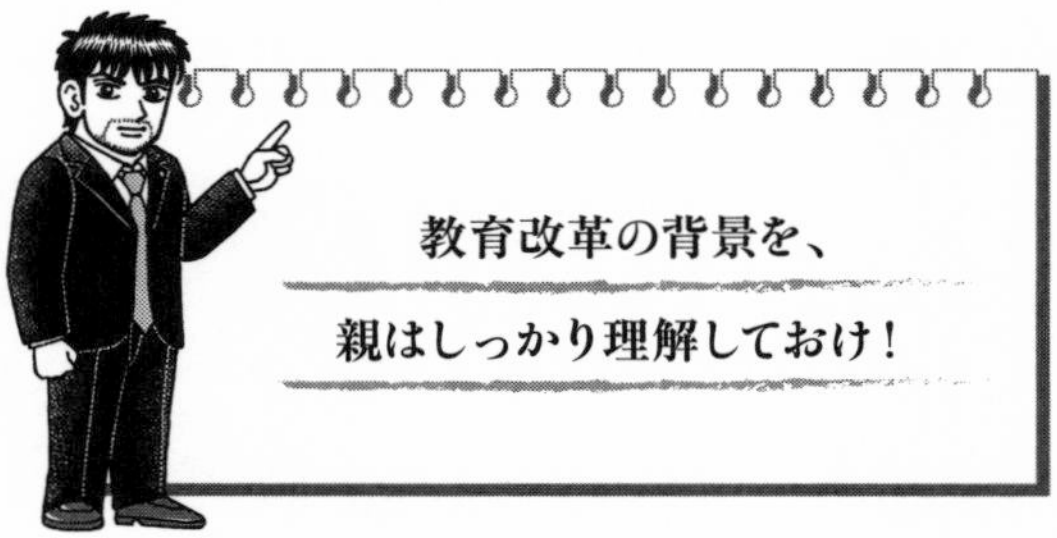
教育改革の背景を、
親はしっかり理解しておけ！

Q 学びの本質って何だと思いますか?

A インターネットで検索すれば、膨大な情報が手に入るこの時代。

学びの本質とは「答え探し」より、「問い探し」だと思っています。自分で問いを立て、仮説を立て、調べ動き、自分なりの解をアップデートし続ける。その力が問われてくるはずです。学校も塾も、「答え探し」より「問い探し」に伴走してくれるような組織に、今後、変わっていくことでしょう。いや、変わっていかなければなりません。みなさんの心の底から湧いてくる疑問を、じっくりと大切に育ててもらいたいとねがっています。

清水章弘さんがすすめる1冊!

「勉強がキライなあなたへ 学びを楽しむ22のレッスン」
清水章弘
(高陵社書店)

私が大学院時代に書いた本です。学生時代によくこんな大胆なタイトルで本を書けたな、と驚きますが、学生だから恐れずにできたのかもしれません。

でも、本来は勉強は楽しいものです。私は、「勉強って何?」「何で勉強ってするの?」という本質的な問いに対して、自分なりに逃げずに向き合ってきました。

この本を通して、勉強に対するみなさんの「問い探し」が始まることを、ねがっています。

いまの時代、スマホで勉強するのが、効率的であり、当然の流れだ！

教育系YouTuber

葉一《はいち》

葉一
１９８５年、福岡県生まれ。東京学芸大学教育学部卒業。営業職、学習塾講師を経て、塾に通えない生徒にも学習の幅を広げる機会を与えたいというモチベーションから、２０１２年に教育系ＹｏｕＴｕｂｅｒとなる。運営するＹｏｕＴｕｂｅチャンネルは、「とある男が授業をしてみた」。小３〜高３の授業をカバーする。チャンネル登録者数は約95万人。主な著書に『一生の武器になる勉強法』（ＫＡＤＯＫＡＷＡ）などがある。

小学3年生から高校3年生までを対象とした授業動画を、ＹｏｕＴｕｂeチャンネル「とある男が授業をしてみた」に投稿し続けているのが、葉一《はいち》さんだ。「教育系ＹｏｕＴｕｂｅｒ」の第一人者として高い人気を誇る彼のもとを訪ねた。時代に合わせて登場した、最先端の勉強方法の実態を教えてもらうぞ。

圧倒的な支持を得る教育系YouTuber

「昔からコミック読んでます。家に全巻そろってますよ。人の感情の動きを大切にした桜木先生の教え方や思考法、大好きです」

お会いしたとたん、そう、ほめていただいてしまったぞ。話のつかみのうまさ、弁舌のさわやかさは、さすが日々の動画出演で鍛えられているだけのことはある。

授業形式で教育動画を配信している人はいまや数多いが、葉一さんへの信頼の厚さは図抜けている。とりわけ中学生世代からの信頼は厚い。

なぜそうなっているのか。まずは「先駆者だから」という点が大きい。葉一さんは2012年から動画配信を始めている。

「そうですね。これまでに上げた授業は3000本以上になります。『勉強で困ったときにはこのチャンネルを見ればなんとかなる』と、思ってもらえているのかなと。

とくに、中学校の単元をここまでそろえている例はほかにないので、そこは強みになっているのかもしれません」

　葉一　いまの時代、スマホで勉強するのが、効率的であり、当然の流れだ！

これからの学習はＩＴだ！
ＩＴの活用が新しい時代の勉強だ！
なんとなくわかるけど……ホントにこれで大丈夫かなあ
ボクもたまにアクセスするけどあんまり身が入らないっていうか
「ドラゴン桜２」から

しかも、だ。すべての学習範囲を、葉一さんというひとりの人物が教えてくれるというのが効いている。

大手の業者が人海戦術でたくさんの講師を使って、全単元の授業を取りそろえることは、やろうと思えば短期間で可能だろう。が、それははたして動画を見る子どもたちにとって、魅力的なのかどうか。

どの単元でも変わらずお気に入りの先生から教えてもらえるという安心感と喜びこそ、勉強のモチベーションになるのだ。

わかりやすくシンプルな内容がウケる

さらには人気の秘密が、内容の充実ぶりとわかりやすさによるところにあるのは、言うまでもないな。

葉一さんの授業は、冒頭からある問題が提示される。そうして、「一本だけ見終われば、この問題がきっと解けるようになる」という構成でできている。動画のつくりとしては非常にシンプルだ。

「塾や学校の授業なら、生徒たちの関心を引きつけるための組み立ても必要でしょうし、彼らの表情やリアクションによって対応を変えたり、興味を持っ

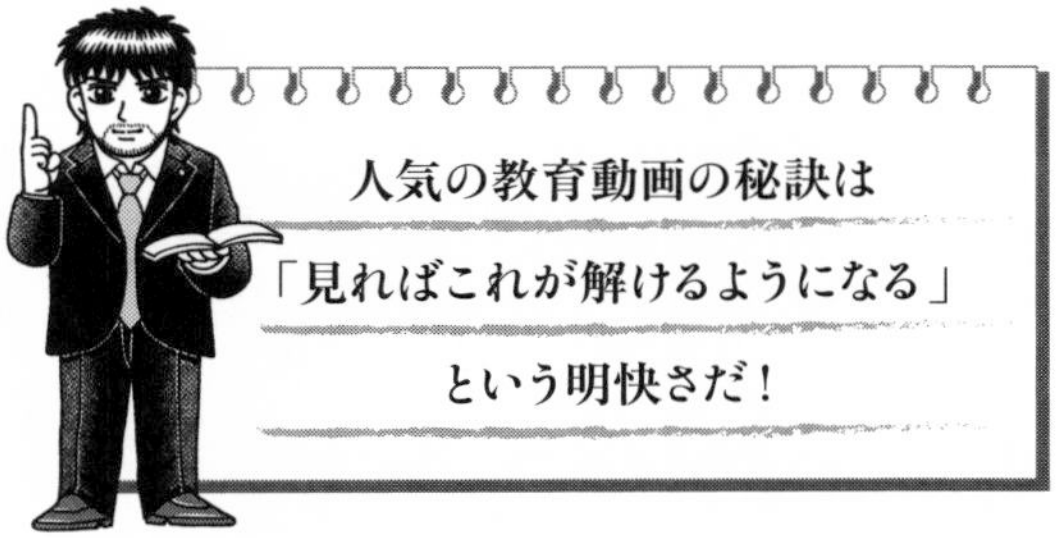
人気の教育動画の秘訣は
「見ればこれが解けるようになる」
という明快さだ！

てもらうための雑談も必要になったりするかもしれない。

でも、動画はそもそもそういうインタラクティブなことができません。ならば、できる限りシンプルにして、生徒がつまずいている目の前の問題を解けるよう導くことだけに特化していますね」

「葉一オリジナルフォント」が親しみやすさを演出

葉一さんの授業動画で特筆すべきは、板書のわかりやすさだ。

基本的に画面にはホワイトボードと葉一さんしか映らない。板書の字は見やすく、内容も必要最低限に絞り込んである。

「2012年に授業動画を始めたときからのこだわりとして、ライブ感を残したいので授業部分の動画に編集は加えないということがあります。これまでずっとそれを守ってきているのですが、となると画面にはホワイトボードと自分だけ、という形になりますね。

できるだけ、ホワイトボードに書かれていることだけに視線を集中してもらいたいのですが、ならば板書はきれいで読みやすくないといけません。そこは心がけている点です。

かつては塾講師をしていたのですが、そのころからホワイトボードへの板書については、だれよりもたくさん練習してきました。自分の頭の中には、自分なりのフォントがたたき込まれているんです。それに沿って一字ずつていねいに書いていきます。

ですから、ふだん日常で書く字と板書の字はまったく違いますね。板書用のオリジナルのフォントは、丸文字と角文字のあいだのちょうどいいバランスを追求しています。男性っぽい角ばった字だと、女の子にそっぽを向かれますし、丸みがあり過ぎると男の子や保護者が離れてしまいますので」

教科書を研究し尽くして授業内容を構成

授業内容については、各学校で使われている教科書をじっくりと研究。ベーシックかつ最も本質的な解法と説明を見つけ出して、それをどう伝えたらすんなりと聞く側の腑に落ちるのか考え抜く。

授業で発する言葉の一つひとつを吟味し、板書も無駄を削ぎ落としていく。

「とはいえ削り過ぎると味気なさ過ぎて、見てもらえないものになりますから、注意が必要です。ぶつ切りの知識だけ与えられても、咀嚼もできなけれ

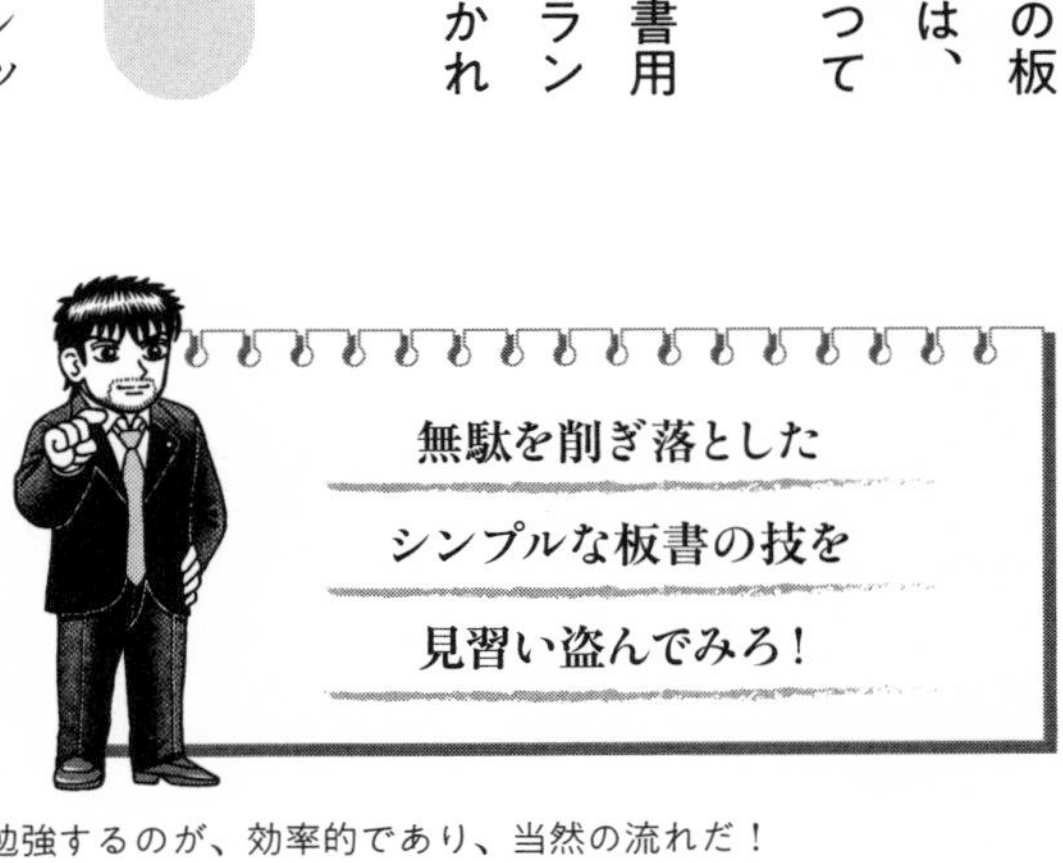
無駄を削ぎ落とした
シンプルな板書の技を
見習い盗んでみろ！

ば頭にも入ってきませんからね。

せっかく授業形式にしているのだから、考え方の流れがわかるような話と板書にしようと気をつけています。『なるほど』『そうか』『ふむふむ』などと思わずつぶやきながら聞いてもらえるくらいのほうが、しっかり知識として定着していくだろうと思います」

人間が集中できる時間は限られている

葉一さんはYouTubeや著書『一生の武器になる勉強法』（KADOKAWA）などで、効果的かつ持続可能な勉強法についても説いている。

「世に勉強法や、やる気の出し方について書いてあるものはたくさん出回っていますよね。そうした定説はよくできたものだと思うので、加えて僕が言えるとしたら、どうしたらその勉強法を実践して、勉強を継続していけるかのコツみたいなものです。

たとえば、平日に学校から帰宅したあとの勉強をどうするか。

疲れているし、毎日やる気を出せと言われても、なかなかそうもいかない人は多いはず。そんなときは、帰宅後の勉強時間を3～4分割してみるといいですよ。毎日2〜3時間くらいはまとめて勉強時間をとらなければ、などと考えると気が重くなるばかり。だったら帰宅後、まずは何をおいてもちょっとだけ勉強に手をつけてしまう。たとえ一問でもいいから問題を解く。

そこで30分でも勉強できたら、食事をしたり風呂に入ったりしてリフレッシュ。それでまた、なんとか1時間くらいは机に向かう。時間がきたら無理せず手を止めて、休憩すればいいでしょう。テレビを見るなりスマホをさわるなりして時間を過ごす。

そして、キリのいいところでもうひと踏ん張りだけ。寝るまでの時間に、できる範囲で勉強時間を取り、眠くなったらちゃんと就寝。

どのみち人間の集中力はそれほど長く続かないのですから、時間を自分の都合に合わせて分割しながら、短くとも集中して勉強に取り組める時間を確保したほうが効果は上がりますよ」

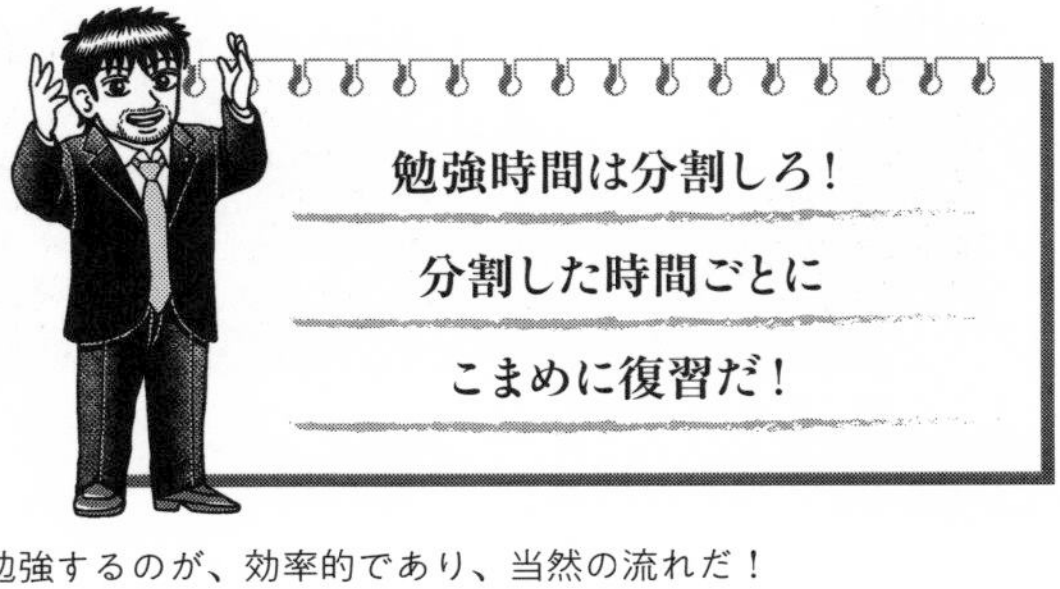
勉強時間は分割しろ！
分割した時間ごとに
こまめに復習だ！

「ドラゴン桜」パート１から

新しい知識を記憶し定着させるのが勉強

勉強する中身についてコツを挙げるとすれば、勉強にはふたつの側面があることを意識するべきだという。

「勉強というのは、『新しいことを覚える』側面と、『覚えたことを忘れない』側面に分けられます。新しいことを覚える側面のほうがやっていて新鮮ですし、勉強した気になるので、ついそちらに比重をかけてしまいがち。

ですが、学力・成績に結びつくのは覚えたことを忘れない側面のほうです。勉強とは新しい知識を自分の中に記憶し定着してこそ完了します。こまめに復習して、覚えたことを忘れないようにしましょう。

先に勉強時間は分割したほうがいいとも言いましたね。分割された勉強時間ごとに、覚えるべきことの復習を短時間でもいいからこなしていくべきです。新しく覚えたあとは、なるべく早いタイミングで繰り返し復習をするのが、知識定着の最良の方法ですから」

高校の数学の先生の影響で「教える仕事」に就く

YouTubeで発信を始める前の葉一さんは、塾講師として生徒の個別指導にあたっていた。なぜ教えることを仕事にしたのだろう。

「高校のときに数学を教わった先生の影響ですね。その授業が僕にとっては理想的で、いまもそれを追いかけ続けている感じがしています。

もともと数学は得意じゃなかったんですが、授業はすごくわかりやすくて、数学こそ自分の武器だと言えるほどまでに学力が伸びました。先生はまず問題を解くにあたって、無駄な部分をとことん省いていって、何を覚えておけば解けるのかを明確に示してくれたんです。

この形式の問題では、何がポイントか、どの部分を覚えておけばいいのかがわかると、『自分で解けた』という実感が得られます。覚えるポイントが的確だから、類似問題にも対応できて、ますます『できる！』という自信がつく。いちどいい方向に回り出すと、やる気も生まれてきて、自分からどんどん前向きに勉強するようになるものですよね。

数学に苦手意識を持っている子は多いと思いますけど、まずはどこから手をつければいいか、最低限覚えることは何か、そのあたりを明瞭にしてイチから勉強してみれば、きっと克服し挽回できるはずですよ。

しかも数学は、勉強したぶんだけ確実に伸びるタイプの教科です。まず押さえておくべき問題パターンも、単元ごとにきちんと分けて考えていけば、じつはそれほど多くないんです。

いったん『自分は数学ができない』と思い込んでしまった子は、何やら広大な大海原に一人で立っているような気分になってしまうでしょうけど、そんなふうに思う必要はありません。怖がらずに、まずはいったん向き合ってみれば、やったぶんだけ自分の解ける問題が増えていきます。それはけっこう痛快な体験になると思うんです」

YouTubeで学びの機会均等を実現

高校時代の数学の先生にあこがれて、教える仕事に就いたということだが、ではなぜYouTubeでの授業配信を始めたのか。

「塾講師をやっていたころ、月謝の負担があるから塾には来られないという子が、想像以上にたくさんいることを知りました。

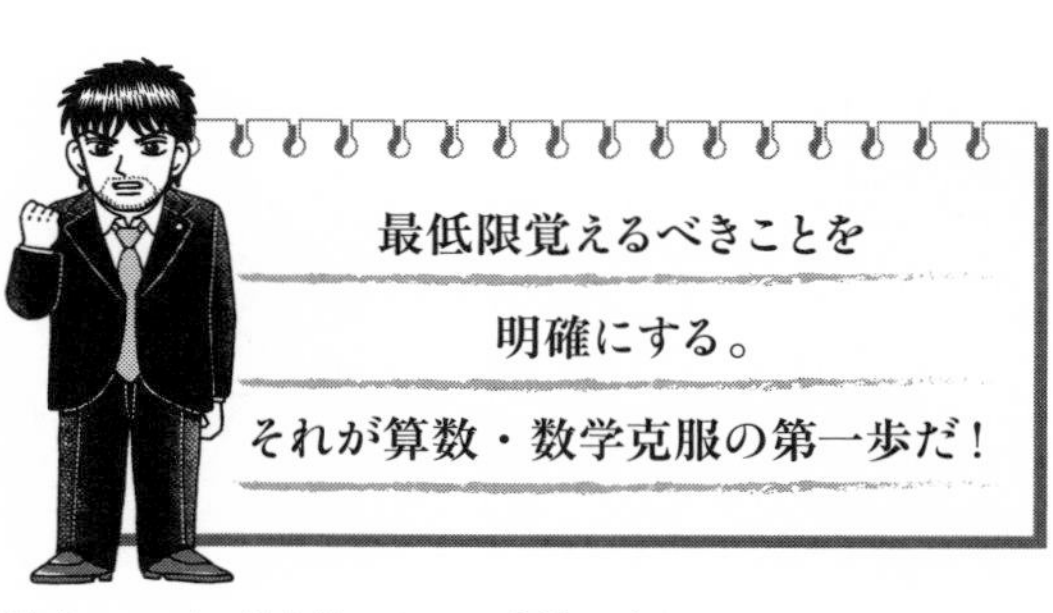
最低限覚えるべきことを
明確にする。
それが算数・数学克服の第一歩だ！

なんとかならないものかなと考えていたところ、YouTubeのことが頭に浮かびました。自分もよくいろいろな動画を見ていましたけど、そういえばこれって無料でだれでも見ることができるな、ここに問題の解き方を出せば参考にしてくれる子はけっこういるかもしれない。そう思いついて、翌日から投稿を始めました。

やっているうちに、動画を見ながら勉強するというのもアリなんだと、どんどん子どもたちに認めていってもらえたのでよかったです」

学びの機会均等を実現するのに、ひと役買ったというわけだ。

親の小言は成績アップではねのけろ！

子どもたちがすぐ「動画で勉強」になじんでいったのは、確かに実感するところだが、親の世代は子どもと同じ速度で受容ができていないのは気にかかる。実際のところ葉一さんの耳にも、「スマホで勉強なんて……。まじめにやっているんだか遊んでいるんだか、よくわからない」といった親からの意見が届くことはあるそうだ。

「YouTubeで勉強しているんだよと言っても、そんなの勉強じゃない、成果が上がるわけないと頭ごなしに言われるとの声をよく聞きます。

子どもの側からすると、せっかく頑張っているのに小言を言われるというのは、いちばんモチベーションが下がってしまうパターンです。

ただ、もうそろそろ親御さんの世代にもちゃんと認知していただける段階に達するんじゃないか、それこそ今年あたりにぐっと浸透してくれるんじゃないかというのが、日々YouTubeで発信している者としての肌感覚なのですが……」

もうひとつ懸念を挙げるなら、YouTubeで勉強となれば、多くの場合は手元にスマホを置いていることとなる。

スマホといえばだれもが知る通り、ゲーム、動画、SNSと、そこに遊ぶためのツールもたっぷり入っている。勉強するつもりが、つい誘惑に負けて遊びにふけってしまう……、ということはないのかどうか。

「それは正直なところ、ありますね。スマホが誘惑のかたまりであることは間違いありません。だからこそ親御さんにも否定的な目で見られることになるのだと思います。

これは一人ひとりが、自分の意志の力でどうにかするしかないでしょうね。

あとはそうですね、成果をしっかり出すことが重要になります。

ゲームやＳＮＳで遊ぶことが、一概にいけないわけではないと思うのです。ただ、そればかりにふけって、勉強や生活がおろそかになってしまうと問題がある。だったら、スマホを使って勉強することでちゃんと学力をつけて、成績のアップ・維持を実現してみる。それができてさえいれば、合間にスマホで遊んでいたって、さほどガミガミ言われずに済みますよね。

　スマホは私たちの生活と、もはや切っても切り離せないもの。排除するよりもうまく活用し、付き合っていく方法を編み出すほうが、おそらくは健全といえるんじゃないでしょうか」

遊びにも、勉強にも。
スマホを大いに活用し尽くせ！

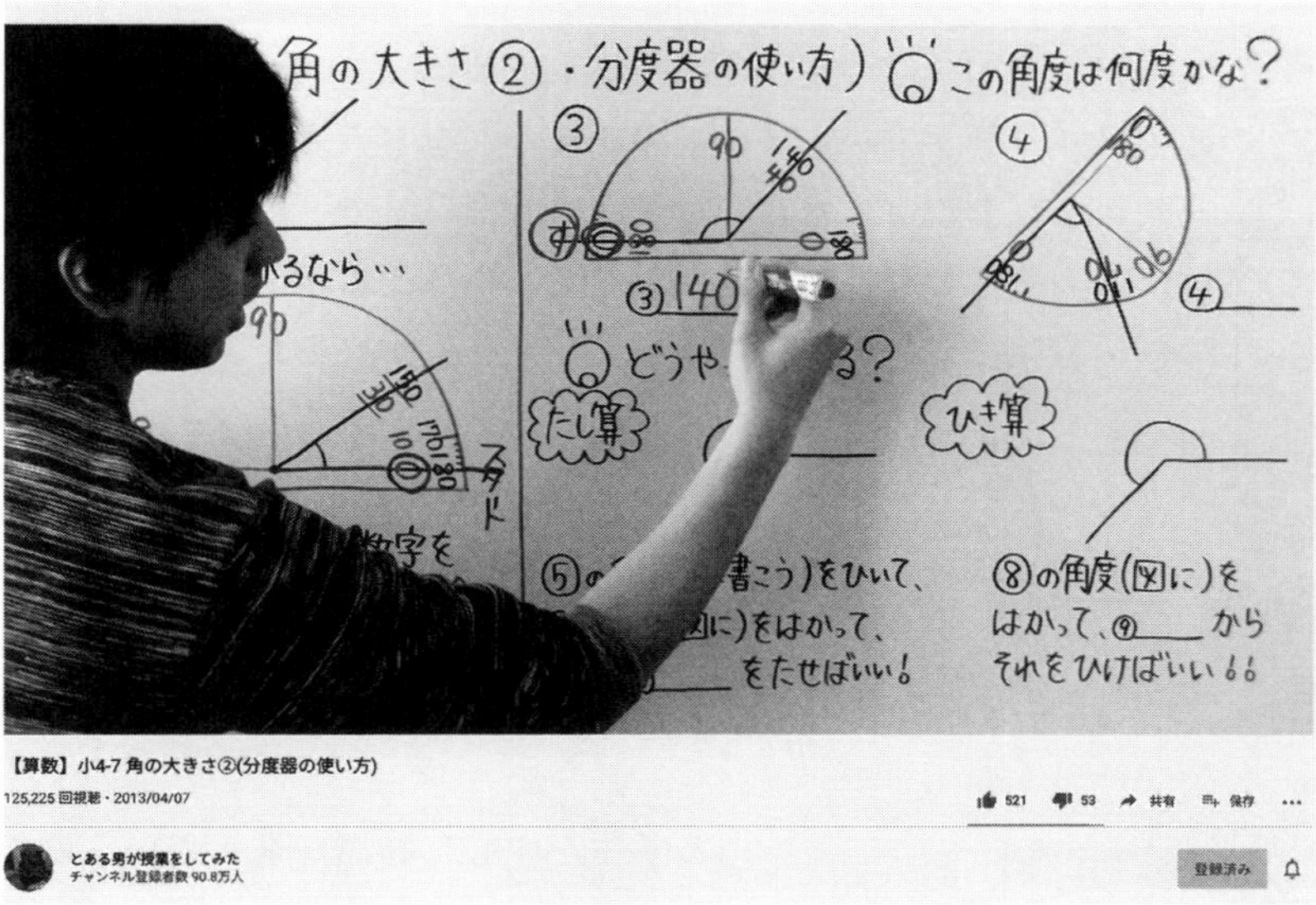

葉一さんのYouTubeチャンネル「とある男が授業をしてみた」小学4年生・
算数の授業動画から。「葉一オリジナルフォント」が目をひく

Q 学びの本質って何だと思いますか？

A 「学び」とは実践力です。知識を学ぶだけがゴールではなく、学んだことを自分にどう生かしていくのか、それをどう表現していくのかを考え、実践していくことです。

そのためには、学習者が目的を見いだして、主体的に学ぶ必要があるので、主体的に学ぶ機会や選択肢を増やしていくことが必要だと思っています。

葉一さんがすすめる１冊！

「きみの友だち」
重松清
（新潮文庫）

ある学生を中心に物語が進んでいくのですが、その子の周りの人間にもスポットライトを当てていて、一人ひとりの悩みや葛藤を含んだ物語が描かれています。

多くの子どもたちの物語に触れるからこそ、感じるものがある。学生だけでなく保護者の方にも読んでいただきたい１冊です。

「ドラゴン桜２」
著者は漫画家・三田紀房氏。東大受験漫画『ドラゴン桜』の続編。底辺校から中堅校に成長したものの、再び落ちぶれつつある龍山高校が舞台。弁護士・桜木建二が生徒たちを東大に合格させるべく、熱血指導するさまを描く。教育関係者らへの取材をもとに、実用的な受験テクニックや勉強法をふんだんに紹介している。雑誌「モーニング」(講談社)、「ドラゴン桜公式マガジン」(note) で連載中。

ライター・山内宏泰
主な著書に、『ドラゴン桜・桜木建二の東大合格徹底指南』(宝島社)、『上野に行って２時間で学びなおす西洋絵画史』(星海社新書)、『文学とワイン』(青幻舎) などがある。

※本書に掲載している漫画は、「ドラゴン桜」パート１からも抜粋しています。

親が知っておきたい
学びの本質の教科書――教育と子育て編

2020年8月30日　第1刷発行

著　山内宏泰
漫画　三田紀房
編集協力　コルク
ブックデザイン　坂野公一／welle design

発行元　朝日学生新聞社
発売元　朝日新聞出版
〒104-8011　東京都中央区築地5-3-2
電話　03-3545-5436（朝日学生新聞社出版部）
03-5540-7793（朝日新聞出版販売部）

印刷所　株式会社シナノパブリッシングプレス

ISBN978-4-02-191104-0　C0095
Published in Japan by Asahi Shimbun Publications Inc.
定価はカバーに表示してあります。
落丁・乱丁の場合は朝日新聞出版業務部（電話03-5540-7800）へご連絡ください。
送料弊社負担にてお取り替えいたします。

本書は、LINENEWS朝日こども新聞「ドラゴン桜2×朝日小学生新聞&朝日中高生新聞『桜木建二が教える 大人にも子どもにも役立つ 2020年教育改革・キソ学力のひみつ』」連載と、朝日新聞EduA転載分を加筆修正してまとめたものです。